SEGREDOS PARA O BEBÊ DORMIR

O CAMINHO PARA NOITES INTEIRAS DE SONO. SEM CHORO NEM DESPERTARES.

SHIRLEI RIBEIRO

Dados Internacionais de Catalogação na Publicação (CIP)
(Even3 Publicações, PE, Brasil)

C613s   Claro, Shirlei Ribeiro Mantovani
             Segredos para o bebê dormir: o caminho para noites inteiras
         de sono. Sem choro nem despertares na madrugada. / Shirlei
         Ribeiro Mantovani Claro. – Rio de Janeiro: Letras e Versos,
         2023.
             202 p.

             ISBN: 978-85-5722-586-2

             1. Parentalidade. 2. Rotina do sono. 3. Sono infantil.
         I. Título.

                                                            CDD 154.6

CRB-4/1241

DEDICATÓRIA

Dedico esse livro ao meu marido Dr. André Reis, meu maior amigo, incentivador e patrocinador.

Dedico também aos meus filhos, Samuel, David e Paulo, que me ensinam todos os dias e são minha principal fonte de experiência.

AGRADECIMENTOS

Agradeço primeiramente a Jesus Cristo, o autor e consumador da minha fé, por me dar saúde e condições para realizar esse projeto.

Agradeço também, ao Charles Cezar pela mentoria que me ajudou a preparar e publicar esse livro. Seus ensinamentos foram essenciais.

E as minhas mentoras nesse universo materno-infantil, **Lígia Coimbra** do Instituto Recém Mamãe, **Sarah Mendonça e Jéssica Moura** do Family Wellness International Institute, que me ensinaram tudo sobre o sono infantil, **Carol Polato, Isa Crivellaro e Bianca Balassiano**, minhas referências em amamentação, e **Alessandra Arrais, Luciana Rocha e Bianca Amorim**, da Escola de Profissionais da Parentalidade, minha fonte de conhecimento em psicoeducação. Cada uma com seus conhecimentos, ensino e apoio, contribuiu para que me tornasse a profissional que sou hoje.

SUMÁRIO

INTRODUÇÃO

Querida mamãe e estimado papai:

É com muita alegria que escrevo esse livro para você. O que está prestes a ter acesso é fruto de muito estudo, trabalho, experiências e vivências.

É fruto também de investimentos altíssimos (muitas vezes em dólar) em cursos, livros, workshops e mentorias; tanto no Brasil quanto nos Estados Unidos e Espanha.

Mas, apesar de todas as informações estarem embasadas em meus conhecimentos teóricos e científicos, você verá que muita coisa do que será abordado nesse livro, principalmente os exemplos de situações, vem da minha vivência no dia a dia com meus três filhos e da experiência no atendimento em consultoria de mais de duas centenas de famílias atendidas nos últimos dois anos.

Já te aviso que nesse livro você NÃO encontrará:

- Tabelas com rotinas prontas;
- Técnicas de treinamento de sono;
- Nem fórmulas mágicas.

Afinal, como eu sempre falo: NÓS CRIAMOS BEBÊS E NÃO ROBÔS!

Os filhos chegam sem manual de instrução e não tem um ícone de engrenagem onde você pode mudar as configurações, colocando, a partir de hoje acorda tal hora e dorme tal hora.

Confesso que às vezes penso que seria até bom se viessem com essa opção e fosse tão fácil como programar o celular para despertar, mas...

O fato é que apesar de serem tão lindinhos e parecerem bonecos e bonecas de brinquedo, eles são de carne e osso. GENTE como a gente.

O que significa que tem suas vontades, preferências, hábitos e necessidades próprias. Por isso, como diz aquela famosa frase: CADA BEBÊ É ÚNICO!

Por essa razão, não vou te dar "diquinhas" e informações que te façam tentar "encaixar seu bebê" em uma tabela.

Mas, a boa notícia é que vou te apresentar o que realmente funciona de verdade NA PRÁTICA, porque como diria o filósofo: "Na prática, a teoria é outra! "

Então, chega de blá-blá-blá e vamos às orientações que vão mudar suas noites de sono.

CAPÍTULO I

Porque o bebê acorda na madrugada?

Essa é sem dúvida, a primeira pergunta que os pais deveriam fazer quando percebem que seus bebês estão acordando muitas vezes na madrugada.

Mas, já adianto que a resposta correta para essa pergunta NÃO é: *"porque é normal bebê acordar de madrugada".*

Sabe aquela célebre frase do Castelo Rá-Tim-Bum que dizia: "Porque sim, não é resposta"?

Aqui o princípio é o mesmo.

Realmente é normal e vai acontecer por toda a vida, afinal, qualquer um de nós (independentemente da idade) pode vez ou outra acordar de madrugada. Mas, isso não é justificativa para um bebê acordar 4, 5, 6... 12 vezes (sim, já peguei casos de bebês que acordavam uma dúzia de vezes).

É por essa razão que falo para os pais, que buscam minha consultoria, que: **"bebê ter inúmeros despertares na madrugada É COMUM, mas não pode ser considerado normal, porque normal mesmo é dormir bem a noite toda"**.

Voltamos então à nossa pergunta inicial: Porque o bebê acorda na madrugada?

Ou melhor: Por qual MOTIVO o bebê está acordando tantas vezes na madrugada?

Refazer essa pergunta dessa maneira, faz muita diferença, já que descobrir a causa do despertar nos ajuda a entender o que fazer para evitá-lo.

Nos próximos capítulos vamos ver vários motivos de despertares e como identificá-los, mas antes, preciso te explicar algo sobre o sono que fará com que tudo o que vamos ver a seguir tenha sentido.

A imagem a seguir, mostra como funcionam os ciclos do sono.

Os ciclos do sono

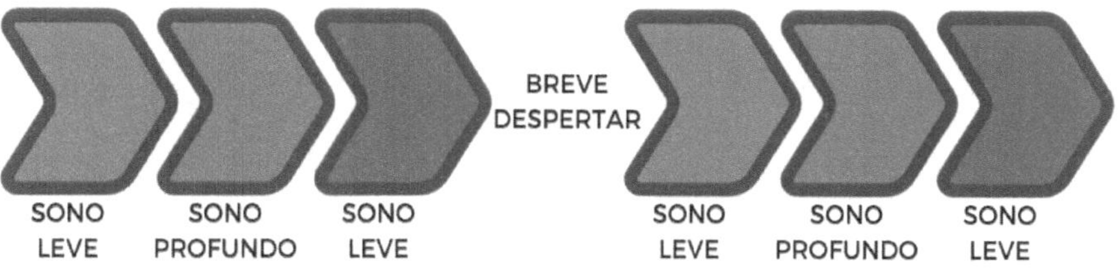

Ao adormecer iniciamos com um sono mais leve, após algum tempo, entramos em sono profundo, depois na parte final do ciclo, voltamos a ter um sono mais leve seguido de um breve despertar.

Em condições normais o breve despertar costuma ser rápido e logo iniciamos um novo ciclo. Costumo dizer que é apenas o tempo suficiente para puxar a coberta do marido. Fazemos isso de modo tão automático que temos a sensação que dormimos por horas, ou direto, como se diz normalmente.

Tudo bem, mas o que isso tem a ver com meu bebê estar acordando na madrugada?

Eu sei que você pensou isso.

Mas, calma! Você já vai entender.

A questão é que a natureza criou os breves despertares para uma função importante: fazer um "*checklist*" das nossas funções vitais. Funciona da seguinte maneira:

Ao final do ciclo, por alguns segundos, o cérebro desperta e verifica como o nosso organismo está. Se estiver tudo bem, voltamos a dormir iniciando um novo ciclo.

Entretanto, se for detectado que algo não está em conformidade, como por exemplo a bexiga cheia ou o estômago vazio, acordamos com vontade de urinar ou fome.

AQUI ESTÁ O GRANDE SEGREDO!

A cada breve despertar o organismo do seu bebê deve entender que está tudo ok.

O que significa que ele não pode estar com fome, sede, frio, calor, ou qualquer outra necessidade.

Por isso sempre digo que: uma boa rotina do sono SUPRE todas as necessidades do bebê.

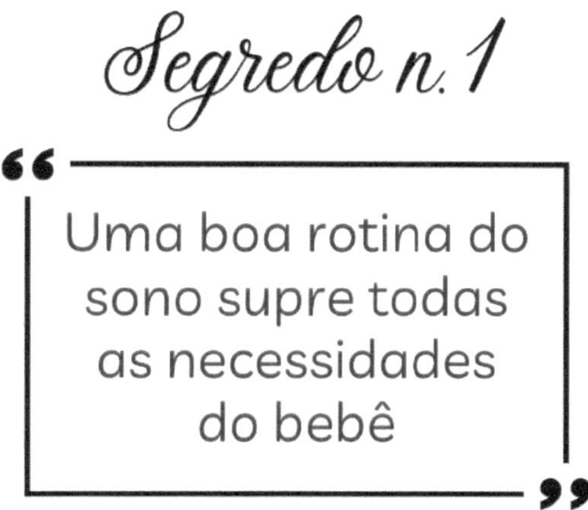

Tendo as necessidades supridas, quando o breve despertar acontece, o organismo do bebê entende que não falta nada, iniciando um novo ciclo do sono. Assim, naturalmente, ele dormirá a noite toda.

Essa é a razão pela qual, eu sempre digo aos pais, que os despertares na madrugada são os sinais que o bebê nos dá do que está faltando em sua rotina. Ao identificar os motivos dos despertares, podemos corrigir a rotina, ofertar o que está em falta, contribuindo para a melhora do sono do bebê.

Lições do Capítulo 1

O bebê dorme em ciclos, que duram em média cinquenta minutos, intercalados com breves despertares entre eles.

A cada micro despertar, o cérebro do bebê faz um checklist do funcionamento geral do organismo. Se estiver tudo satisfatório um novo ciclo de sono é iniciado, caso contrário, o bebê DESPERTARÁ solicitando o que estiver faltando.

A melhor forma de evitar despertares na madrugada é garantir que todas as necessidades do bebê sejam supridas ao longo do dia.

Uma boa rotina do sono supre todas as necessidades do bebê.

CAPÍTULO 2

Bebê com fome não dorme

Vamos ver agora, quais são os motivos mais comuns de despertares, e, não poderia começar por outro que não fosse a causa número 1: A fome.

Acredito que todos nós sabemos que recém-nascidos acordam na madrugada para mamar. Isso tem um motivo!

O estômago deles é muito pequeno e só se alimentam de leite (que é digerido de forma muito rápida).

Por essas razões o que ocorre é que durante o breve despertar o organismo dele sinaliza que o estômago está vazio.

Então ele acorda com fome, buscando o seio, sua fonte de alimento.

Se todo o resto estiver correto, cinco minutos após "encher o tanque", estará dormindo novamente.

Entretanto, como o estômago é muito pequeno ele acorda com fome de novo, após 2h30 ou 3h (até 3 meses de vida) ou 4h e 5h (de 4 a 6 meses).

Após os 6 meses, se espera que o bebê tenha a capacidade de ficar seis horas ou mais sem mamar.

O que possibilita a mãe amamentar às 23h e dar a próxima mamada somente às 6h da manhã do dia seguinte, sem despertares na madrugada.

Mas, nem sempre acontece dessa maneira.

É muito comum eu receber mensagens de mães com bebês de 6 meses ou mais, que ainda acordam 4, 5, 6 vezes na madrugada em busca do seio.

Um detalhe importante é que muitas dessas mães não acreditam que seus bebês acordam por fome.

Geralmente a razão, por não acreditarem, é:

- Não é mais um recém-nascido;
- O pediatra disse que está com bom ganho de peso;
- Vi na internet que é uma associação do sono, porque só dorme mamando;

Vamos falar sobre cada um desses pontos:

1) Não é mais recém-nascido

Apesar da idade ser um parâmetro, quando falamos de intervalos entre mamadas (ou refeições), esse não é o único fator a ser considerado.

Isso me faz lembrar da Carolina, uma mãe que buscou minha consultoria para desmame gradual.

Essa mãe queria desmamar sua filha caçula, de 1 ano e 4 meses, que estava acordando muito de madrugada e acreditava que o desmame noturno mudaria a situação.

Em nossa primeira conversa me contou que o filho de 3 anos também acordava na madrugada. Ele não mamava no seio, mas acordava para tomar mamadeira todos os dias no mesmo horário, e por isso ela acreditava ser um hábito ou mania.

Pelo relato da mãe sobre os despertares das crianças, identifiquei na hora: É fome!

Ela não queria acreditar que era fome, afinal nenhum deles era mais "um bebezinho".

Nesse caso, adiantamos os horários das refeições, incluindo mais uma refeição no final do dia (uma ceia, com alimentos leves, enriquecidos com aveia).

Exatamente uma semana depois, o menino de 3 anos dormiu a primeira noite inteira, deixando de tomar a mamadeira habitual.

Em 3 semanas, a menina passou a despertar apenas 1 vez para mamar.

E, em 40 dias, ambas as crianças (e a mamãe também) passaram a dormir à noite inteira.

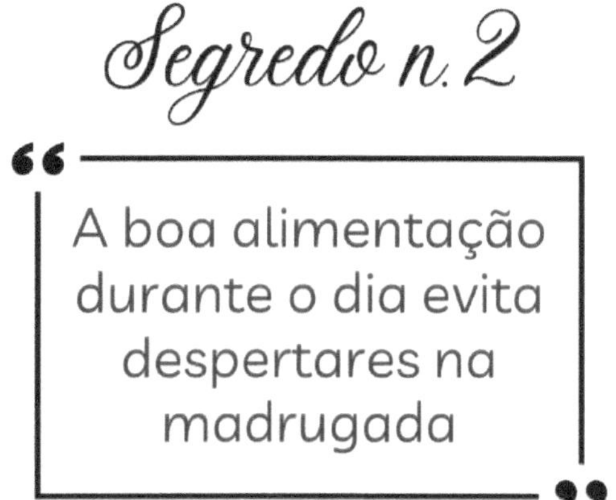

2) O pediatra disse que está com crescimento normal e bom ganho de peso

Crescimento e ganho de peso são parâmetros para avaliar a alimentação da criança, mas outra vez, não são os únicos.

O bebê ou criança pode estar despertando por fome, mesmo que aparentemente, coma bem e esteja ganhando peso. Isso acontece por causa de um efeito que chamo de fome oculta.

A fome oculta

Para te explicar esse efeito, imagine que cada refeição (ou mamada) tenha 250 calorias* e que seu filho precise de 2.000 calorias* para crescer e ganhar peso. *(*números totalmente fictícios, somente para exemplificar)*

Fazendo os cálculos, ele precisaria se alimentar 8 vezes por dia. Digamos que ele fica acordado 12h (considerando 10h de sono noturno e 2h de soneca).

Mesmo que se alimente a cada duas horas, ainda assim, só conseguiria se alimentar por 6 vezes durante o dia.

Percebe que a conta não fecha?

Por essa razão o organismo dele vai requerer, na madrugada, essas 2 refeições (ou mamadas) que faltaram. A criança se alimenta na madrugada e por isso consegue "fechar a conta".

Mas, a que custo? Ao custo de ter que acordar de madrugada para se alimentar.

Ou seja, a baixa ingesta calórica diurna não fica aparente por causa da alimentação noturna, que acaba ocultando a falta que ocorre ao longo do dia.

Mas, devemos levar em consideração o fato de que a amamentação na madrugada nunca é tão efetiva quanto durante o dia, já que mãe e bebê estão sonolentos.

De modo que, o que seria consumido em duas mamadas, acaba se tornando quatro, causando vários despertares e muito choro na madrugada.

Como mudar essa situação?

AUMENTANDO A INGESTA DE ALIMENTOS nas refeições ao longo do dia.

Na minha consultoria eu ensino as mães a usarem uma técnica que chamo de "a churrascada do bebê".

Se você já participou algum dia de uma festa em família, que começou com churrasco e acabou no fim da tarde com bolo de aniversário, já deve ter entendido qual a ideia da coisa.

A churrascada do bebê

Procure se lembrar como funciona uma churrascada.

Ao chegar, a primeira coisa que te dão é um copo com algo para beber e um prato para você ir até a churrasqueira se servir.

Você pega uma linguiça só para começar. Logo depois o churrasqueiro enche uma bandeja de carne e você se serve. Nem terminou de comer já perguntam: Vai um franguinho aí?

E assim vai até o final da tarde. Mas não para por aí, porque antes de ir embora tem que cantar parabéns e cortar o bolo. Que vem acompanhado de alguns docinhos e mais algo para beber, é claro!

Já está anoitecendo, então você se despede de todos e vai embora. Quando você chega em casa, a primeira coisa que você pensa é: O que eu vou jantar?

Acredito que não! Tudo o que você quer é tomar um banho e descansar. Provavelmente, só pensa em comer algo na manhã seguinte.

A rotina do seu bebê deve ser como um dia de churrascada. Assim, quando anoitecer a única coisa que ele vai querer é tomar um banho e dormir a noite toda.

Na prática, o que fazemos é montar uma rotina com vários horários de alimentação, ou seja, reduzimos o intervalo entre as refeições, aumentando a oferta de nutrientes e calorias.

Foi exatamente o que fizemos com os filhos da Carolina.

Reduzimos o intervalo entre as refeições e adiantamos os horários, de maneira a conseguir incluir mais uma refeição extra. Como se fosse "o bolo de aniversário do final da tarde".

Porém, antes de adotar o incrível Método da Churrascada, você precisa descobrir se esse é o motivo dos despertares do seu bebê.

Então, agora vou te ensinar como identificar se a FOME é o real motivo do choro na madrugada, aí na sua casa.

Como identificar se é fome

O primeiro ponto a se observar é a QUANTIDADE com que o bebê se alimenta.

No exemplo da Carolina, ela sentia que a filha sugava com força. Não ficava só chupetando, como se diz.

E o filho tomava uma mamadeira cheia toda noite. Se ele mamasse só um pouco, ou deixasse mais da metade da mamadeira, poderíamos buscar outra causa.

O segundo ponto a se observar é o TEMPO PARA VOLTAR A DORMIR.

Se após o alimento o bebê voltar rapidamente a dormir (em até 15 min), significa que despertou apenas em busca do alimento. Assim que teve sua necessidade suprida, conseguiu relaxar e voltar a adormecer.

O terceiro ponto é o INTERVALO entre os despertares.

Quando o despertar é por fome há um intervalo mínimo de 2h30 entre eles. Mamadas por fome em intervalo de 2h ou menos acontecem, de modo geral, apenas nos primeiros 30 dias de vida.

3) Vi na internet que é associação do sono porque só dorme mamando

Esse aqui, confesso que me dá até urticária quando escuto. Sei que a mãe não tem culpa, afinal ela acaba recebendo informações que não condizem com a realidade.

A verdade é que falar de associação de sono virou um modo fácil de vender cursos de sono.

- Seu filho só dorme no seio? É associação;
- Só dorme balançando? É associação;
- Acorda buscando o seio? É uma associação de sono gravíssima!

Não me entenda mal.

Eu sei que as associações de sono existem (e todos nós temos, inclusive eu e você).

A questão que ninguém que utiliza esses discursos te explica é que as associações NÃO CAUSAM DESPERTARES.

Explico melhor sobre isso no próximo capítulo.

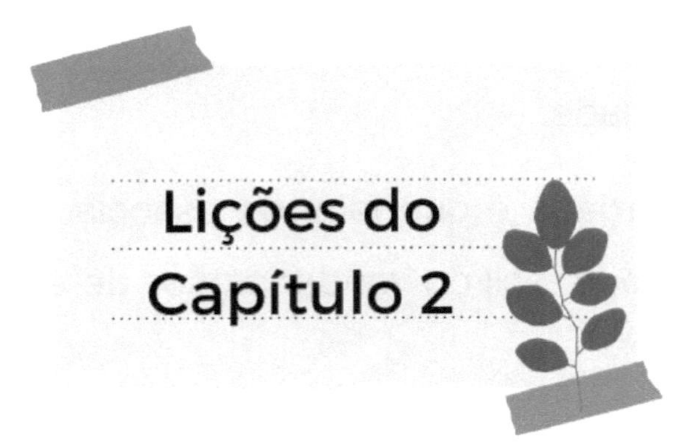

A fome é a causa nº 1 de despertares na madrugada.

Mesmo que o bebê esteja na curva normal de crescimento e com bom ganho de peso, é possível que uma das causas dos despertares seja a fome, pois a baixa ingestão de calorias durante o dia pode estar sendo ocultada pela alimentação na madrugada.

Para evitar despertares por fome, a melhor solução é aumentar a oferta de alimentos durante o dia, usando o método da churrascada, que na prática funciona aumentando o número de refeições e reduzindo o intervalo entre elas.

CAPÍTULO 3

Associação de sono não é o problema

Pensei várias vezes se deveria escrever esse capítulo. O objetivo deste livro é explicar sobre as causas de despertares na madrugada e, como já disse, as associações de sono não causam despertares.

Mas como é uma reclamação frequente e estão ligadas a autonomia para adormecer e ao choro na madrugada resolvi abordar esse tema também.

Então vamos entender o que são as associações de sono.

Eu costumo explicar que são atividades que fazemos momentos antes do sono e que enviam ao nosso cérebro um "aviso" de que a hora de dormir está chegando. Muita gente chama isso *de hábitos da hora de dormir*. Todos nós temos.

Eu por exemplo, costumo tomar banho, colocar meu pijama e tomar um chá.

Depois, me deito com meu travesseiro (não pode ser outro que estranho horrores), me viro de lado, fecho os olhos e aguardo até conseguir dormir.

Todas essas coisas são associações de sono, pois quando meu cérebro identifica que estou fazendo essa sequência, já vai se preparando para dormir.

Por isso, dizemos que as associações induzem ao sono.

Você provavelmente também tem alguma sequência de coisas que faz antes de dormir.

Mas, perceba que o fato de termos essas associações, não nos faz acordar de madrugada.

Então, por que se vê na internet tantas pessoas relacionando as associações de sono aos despertares do bebê na madrugada?

Vou explicar!

Voltando ao meu exemplo. Como para adormecer eu deito no meu travesseiro, me viro de lado e fecho os olhos, quando eu acordo na madrugada com sede, após beber água, preciso repetir isso para voltar a dormir. Ou seja, preciso repetir a associação para conseguir adormecer novamente.

Com o bebê também é assim!

Então se ele tem associação de sugar o seio (mamar) para adormecer, após acordar por QUALQUER MOTIVO que seja, ele vai precisar do seio para voltar a dormir.

O mesmo acontece com o balançar.

Mas, perceba que o que fez ele acordar foi OUTRO MOTIVO.

Agora pense comigo: O que deve ser feito para mudar essa situação?

Opção 1: Tirar o seio do bebê (desmamar);

Opção 2: Deixar chorando no berço para "aprender a dormir" de outro jeito (sozinho);

Opção 3: Descobrir o MOTIVO do despertar para evitar que se repita.

Sinceramente, na minha opinião a opção 3 é a melhor, porque acredito que descobrir a raiz do problema e buscar solucionar desde a origem, é sempre a melhor saída.

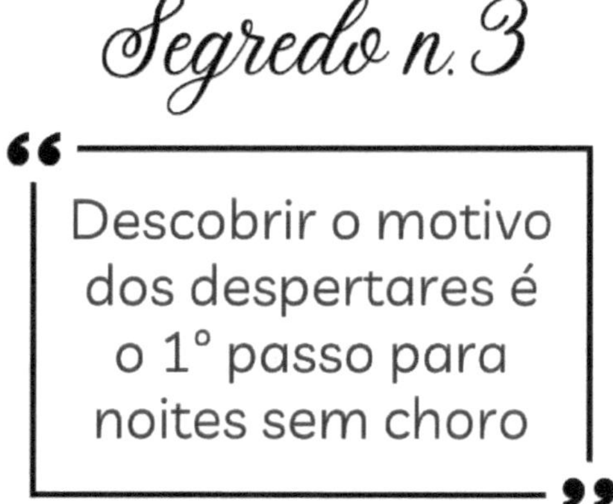

Na prática, eu vejo que a OPÇÃO 1 – DESMAME, costuma ser um "tiro no pé". Porque, como não foi tratada a causa, os despertares continuam a acontecer.

Porém, a mãe já não tem mais a ferramenta da sucção no seio para ajudar o bebê a relaxar e voltar a adormecer rapidamente.

De modo que **o bebê passa a demorar muito mais para voltar a dormir**.

Entenda, não estou dizendo que desmamar o bebê é errado.

Em algumas situações, e dependendo das necessidades do bebê e do desejo da família, o desmame pode ser uma opção.

Mas, geralmente o desmame noturno começa a ser uma opção viável, somente após os 14 meses do bebê, e por outros motivos que não sejam reduzir despertares na madrugada.

A OPÇÃO 2 - DEIXAR CHORANDO para "aprender a dormir", também não reduz os despertares noturnos.

Na verdade, o bebê continua acordando, o que muda é que ele já não chora pedindo a ajuda da mãe para voltar a dormir.

E sabe por quê?

Porque aprendeu que não adianta chorar já que a mãe não vem.

Entende a mensagem que foi dada ao cérebro desse bebê?

Não adianta chorar pedindo ajuda da sua mãe, ela não virá te ajudar.

Não é isso que quero ensinar para meus filhos. Ao contrário, quero que saibam que sempre que precisarem podem me pedir ajuda.

Se eu ensino que não podem contar comigo, enquanto ainda são bebês, como posso esperar que eles busquem minha ajuda quando tiverem algum problema na escola?

Então você diz:

"Mas, Shirlei amamentar até o bebê dormir ou ficar balançando é muito cansativo".

Sim, eu sei bem como é demorado e cansativo, principalmente quando o bebê cresce e fica pesado.

Por isso quero te dizer uma coisa: **Você não precisa ficar balançando seu bebê** no colo enquanto anda de um lado para o outro, até ele dormir.

Vou te mostrar, a seguir, que existem outras maneiras de ajudar o bebê a relaxar, oferecendo o conforto do contato físico. E com isso, facilitar e agilizar o momento de adormecer.

O bebê só dorme balançando

Balançar um recém-nascido para adormecer mais rápido é algo que realmente funciona.

Isso acontece porque lembra o bebê do movimento que ele sentia no útero, enquanto sua mãe caminhava.

E tudo que remete ao útero é um calmante natural para um bebezinho que acaba de nascer.

Então, intuitivamente, os pais acabam usando esse recurso para colocar o filho (a) para dormir.

Mas, como sempre falo para os pais, uma coisa é balançar um recém-nascido de 3 kg, outra coisa, é balançar um bebê de 6 meses com 10 kg.

A boa notícia é que há maneiras de se fazer a TROCA DE CONFORTO e promover a AUTONOMIA para adormecer, o que na prática significa oferecer ao bebê uma nova maneira de relaxar, e assim retirar o balanço.

Trabalho isso na **consultoria individual** com as famílias. Me lembro da Márcia, do Rio Grande do Sul, mãe da Lívia, de seis meses. Sua princesa já estava com 11kg e só dormia balançando. Ela já não acreditava que fosse possível a filha adormecer de outra maneira.

Fizemos a troca de conforto do BALANÇAR para o NINAR em 3 etapas.

Você não imagina a alegria dela quando conseguiu fazer a menina adormecer no berço, sem ter que ficar balançando.

Ela disse ser um alívio para a coluna, porque já não aguentava mais o peso.

Como fazer o bebê dormir sem balançar

Primeiro gostaria de te explicar que para colocar o bebê para dormir sem balançar, você não precisa necessariamente tirar o colo.

O colo é CONEXÃO e troca de hormônios, como a *ocitocina* (o hormônio do amor), que acalma, relaxa e ajuda a adormecer.

O segredo é trocar o balançar pelo NINAR, e você pode fazer essa substituição, do mesmo modo que minha aluna Márcia fez, em 3 fases.

Na PRIMEIRA FASE, pare de andar balançando e fique de pé, apenas dando batidinhas leves no bumbum e fazendo o *shhhh* suavemente no ouvido.

Se o bebê reclamar e chorar, dê apenas um passo à frente e volte com pé para a mesma posição. Faça isso algumas vezes e vá reduzindo dia após dia até o bebê aceitar o **ninar de pé parado**.

Na SEGUNDA FASE, ofereça o **ninar sentado.** Dê pequenas batidas no bumbum enquanto faz o *shhhh* no ouvido, da mesma maneira da primeira fase. A única diferença é que estará sentada em uma poltrona ou cadeira confortável, preferencialmente no quarto do bebê.

No início, o bebê pode começar a chorar ou se debater no colo, nesse caso se levante, ofereça o ninar de pé (como na fase 1) até que o bebê se acalme e volte a sentar novamente.

Nos primeiros dias será uma grande sequência de "senta-levanta", "senta-levanta", mas com a repetição o bebê se acostumará com o ninar sentado.

É um processo que leva alguns dias, mas tenha calma e continue.

Na TERCEIRA FASE, você inicia o ninar sentada e assim que o bebê começar a cochilar, leva ao berço e finaliza o adormecer com o bebê já deitado.

Para isso, coloque o bebê deitado de lado, bata no bumbum levemente e faça o *shhh*.

Se seu bebê tiver mais de 5 meses e já souber se virar sozinho, pode deixa-lo dormindo de lado mesmo.

Se seu bebê for mais novo, ou ainda não saiba virar e desvirar, você deve (por questão de segurança) colocar uma mão na barriga e outra nas costas e virá-lo de barriga PARA CIMA.

Caso ele acorde nessa manobra, ponha uma mão na barriga e balance suavemente de um lado para o outro, enquanto a outra mão segura em uma mãozinha do bebê, e faz o shhh próximo do ouvido, suavemente.

Em todas as situações SEMPRE permaneça AO LADO do seu bebê, com pequeno contato físico, até que ele durma totalmente e entre em sono profundo.

Esse processo leva de 20 a 30 min, que é o tempo de latência do sono. Por isso, já esteja preparada e se organize para dedicar esse tempo exclusivo para seu bebê.

É muito importante que você NÃO esteja agitada e com pressa, pois seu estado emocional é refletido pelo bebê por um mecanismo natural, nomeado de CORREGULAÇÃO.

Então, quando estiver "fazendo seu filho (a) dormir", procure estar em um ambiente tranquilo, mantendo-se calma e com uma voz serena e suave.

Assim, seu bebê ficará com um estado emocional propício para o relaxamento que leva ao adormecer.

O bebê só dorme mamando

Não poder dormir mamando é UM MITO que muitas mamães ainda acreditam ser verdade.

Mas, mamar e dormir são comportamentos naturais, o que significa que o bebê já nasce com o instinto de fazer as duas coisas, e por isso, amamentação e sono tem uma relação muito forte.

E isso é perfeito! Sabe o porquê?

Porque o leite materno é rico em *triptofano*, composto essencial para regular o *ciclo circadiano* e ajustar o relógio biológico do bebê.

Além disso, provê hormônios, como a *melatonina*, que induzem ao sono.

E tem mais: a sucção do seio, no ato de mamar, é um relaxante natural, que acalma o bebê e facilita o adormecer.

É por essa razão, que quando sou procurada por uma família que deseja tirar essa *"associação negativa de só dormir mamando"*, busco orientar que não há necessidade nenhuma de mudar o modo de adormecer.

A não ser que seja um desejo da mãe e que a criança já tenha prontidão para essa mudança.

Sempre reforço que essa associação não causa despertares na madrugada, e que é totalmente possível, um bebê que adormece no seio conseguir dormir à noite inteira.

Dormir no seio melhora o sono noturno

Quero te contar um fato que geralmente deixa as mamães impressionadas quando eu conto.

Sabia que é mais fácil o bebê conseguir dormir a noite inteira, quando adormece mamando no seio?

Sério! Isso é verdade, porque o bebê que adormece no seio costuma dormir mais rápido, sem lutar, iniciando o sono noturno em um estado de relaxamento e conexão tão grande, que costuma dormir por um período maior, que os bebês que adormecem de outra forma.

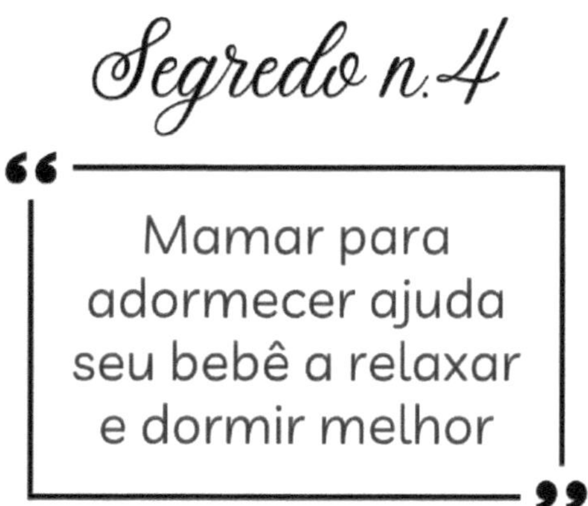

Para que funcione bem assim, basta fazer a RETIRADA GENTIL do seio, assim que o bebê reduzir o ritmo da sucção, iniciando o chamado "chupetar".

Na prática, significa fazer a retirada do seio, enquanto o bebê ainda está cochilando, antes do sono profundo. Levar para o berço e finalizar o adormecer, batendo no bumbum e fazendo o shhh.

Na verdade, o que pode atrapalhar o sono noturno, não é o adormecer no seio, mas sim o dormir a noite toda com o seio na boca.

Uma situação muito comum quando se faz a cama compartilhada, mas que deve ser evitada, porque esse hábito dificulta o aprendizado da autonomia para adormecer. Já que na mudança de ciclo, durante o breve despertar, o bebê sente a falta do seio na boca e acorda buscando-o novamente.

Agora que você entendeu que as associações de sono não são um problema, podemos continuar falando dos motivos mais comuns de despertares na madrugada.

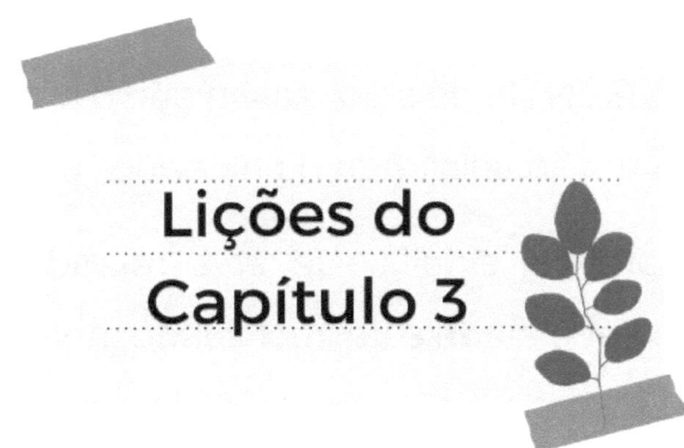

Lições do Capítulo 3

Associações do sono existem, mas não causam despertares na madrugada.

Associações como balançar no colo ou mamar para adormecer, podem ser trocadas por outros confortos, conforme o desejo da família e a prontidão do bebê, mas não estão diretamente ligadas ao despertar.

A melhor maneira de reduzir os despertares, é identificar as causas e suprir as necessidades ao longo do dia, oferecendo uma rotina do sono adequada ao seu bebê.

CAPÍTULO 4

Bebê cansado não dorme

A hiperestimulação é, sem dúvida, o segundo maior motivo de despertares.

Acontece na maioria das vezes por uma das razões a seguir:

- Exaustão
- Uso de telas
- Excesso de colos

Vamos falar de cada um deles.

A luta contra o sono

A EXAUSTÃO é um dos principais motivos para a dificuldade na hora de dormir. Pode parecer confuso, afinal, se está cansado o natural seria dormir, não é?

Definitivamente não!

Isso porque, como sempre digo:

"BEBÊ CANSADO NÃO DORME, LUTA CONTRA O SONO".

Acontece assim, devido ao EFEITO VULCÂNICO.

Ih! Agora está ficando complicado, que negócio é esse?

Na verdade, é bem simples de entender.

Costumo explicar que temos uma função cerebral, chamada PRESSÃO DO SONO, que funciona como se fosse uma bexiga em nossa cabeça.

Quando o bebê acorda pela manhã a bexiga está vazia. Conforme o tempo acordado vai passando, a bexiga vai enchendo.

O bebê então precisa fazer uma boa soneca para esvaziar.

Mas, se ele não dorme a bexiga continua enchendo. Se dorme pouco, esvazia só um pouquinho e ao acordar a bexiga volta a encher.

Se isso vai se repetindo ao longo do dia, o que vai acontecer é que no início da noite, essa bexiga vai literalmente ESTOURAR.

Quando essa "bexiga estoura" a reação do bebê é um choro estridente (como se estivesse com dor), por isso **muitas vezes o efeito vulcânico é confundido com cólicas.**

O bebê que entra no efeito vulcânico fica extremamente irritado e choroso e tem dificuldade em adormecer, é a chamada LUTA CONTRA O SONO.

Tudo bem Shirlei, entendi que dificulta fazer o bebê dormir. Mas, o que tem a ver com o bebê acordar de madrugada?

O efeito vulcânico

O sono fracionado é uma consequência do efeito vulcânico. A imagem acima é uma representação do *ciclo vulcânico*.

Perceba que com a demora em dormir o organismo vai produzindo *cortisol*.

A questão é que o excesso de *cortisol* inibe a produção de *melatonina*, o hormônio que nos faz adormecer e manter o sono.

Ou seja, sem *melatonina* no sangue (ou com pouca quantidade) não dá para dormir ou manter o sono por muito tempo.

Por essa razão, **bebês em privação de sono** (e que entram em ciclo vulcânico), **acordam de hora em hora.**

É por isso que a grande maioria dos bebês que dormem tarde acordam tantas vezes na madrugada.

Na prática do dia a dia, algo comum é ver bebês que iniciam o sono noturno às 22h e tem 8 despertares até às 6h da manhã.

Exatamente um despertar por hora.

Como mudar essa situação

Existem duas boas práticas de higiene do sono que você pode iniciar imediatamente.

A primeira é adotar uma ROTINA com 4 horários fixos para:

- Acordar
- Almoçar
- Jantar, e
- Dormir à noite.

Mesmo que seu bebê seja um bebezinho em aleitamento exclusivo, é importante ter um horário de "almoço e jantar" para mamadas efetivas.

As demais mamadas acontecem em livre demanda naturalmente, mas **a fixação desses 4 horários é extremamente importante para regular o relógio biológico do bebê.**

A segunda é garantir que seu bebê tenha BOAS SONECAS.

Sonecas de qualidade na quantidade certa, de acordo com a necessidade específica do seu bebê, **são o ponto crucial para encerrar o ciclo vulcânico** causado pela privação de sono.

"Ah, mas não é fácil conseguir que o bebê faça sonecas longas. Eu já tentei de tudo e meu bebê só faz sonecas curtas."

Se você pensou isso, saiba que não é a única a ter essa dificuldade. Aliás, esse é o tipo de comentário que escuto de praticamente todas as mães que buscam minha consultoria.

O que me faz lembrar, do caso do Pedro.

Com 6 meses de vida ele nunca tinha feito uma soneca de mais de 30 min.

Por causa disso, tinha de 6 a 8 despertares na madrugada, todas as noites. A mãe e a avó achavam que era impossível que ele fizesse uma soneca de 1h.

Eu acho que ele não gosta de dormir mesmo, me disse a mamãe.

A primeira coisa que fizemos foi definir os 4 horários fixos da rotina, de acordo com o horário natural dele.

Isso regulou o relógio biológico e em uma semana ele fez a primeira soneca de 1h.

Na segunda semana, ele fez sua primeira soneca de 2h de duração, e, os despertares na madrugada reduziram para dois.

Na terceira semana a mãe conseguiu seu primeiro "vale-night" desde o nascimento do filho.

Mamãe e papai foram para uma festa enquanto Pedro dormiu com a vovó.

Perguntei como tinha sido, e a vovó disse:

"Foi muito tranquilo. Ele dormiu rápido. Acordou apenas 1 vez para tomar a mamadeira e voltou a dormir em 5 minutos."

Uhuuuul!

No final o problema não era ele "não gostar de dormir", mas a falta de rotina do sono e boas sonecas.

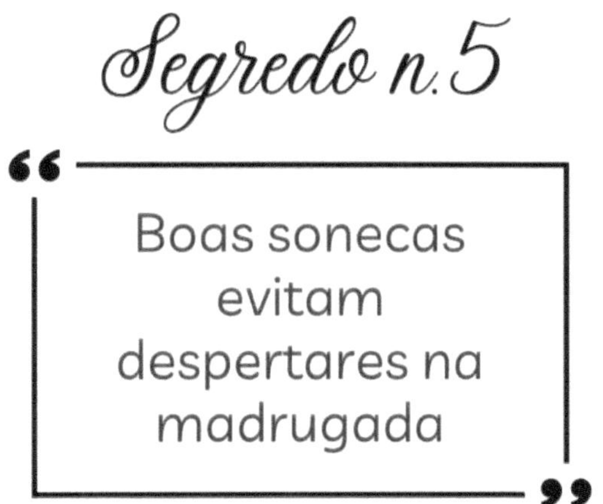

O segredo é identificar a necessidade de sono do seu bebê e organizar a rotina, de modo a oferecer boas sonecas e suprir essa necessidade.

Já falei isso neste livro, mas é importante reforçar.

Aliás, se você tiver que levar dessa leitura apenas uma lição, eu gostaria que fosse a importância de observar e suprir as necessidades do seu bebê.

Isso é tão importante, que eu fiz o mapeamento das necessidades de sono de cada um dos meus filhos.

Assim consegui definir uma rotina para cada um conforme sua necessidade própria e nunca mais tive noites em claro.

É por isso que na minha consultoria, dou a planilha que está no final desse livro para as mães anotarem por 5 dias.

Com o mapeamento da rotina atual, podemos entender as reais necessidades particulares do bebê e assim conseguir montar uma rotina do sono que funcione para ele.

Te aconselho a usar a planilha.

Anote por 3 a 5 dias e analise com atenção.

Você vai conseguir identificar alguns padrões que vão te ajudar a entender o que precisa ser ajustado na rotina do seu bebê.

Falaremos melhor sobre isso nos capítulos finais do livro.

Um inimigo oculto na sua sala

Uso de telas. Esse é um daqueles assuntos que causam polêmicas em família. Sempre digo que se você nunca ouviu a frase: *"Fiz assim com meu filho e não morreu"*, provavelmente você não tem filhos.

Toda mãe cedo ou tarde escuta essa frase da mãe, sogra, tia, prima, irmã, vizinha, palpiteiros de porta da escola, entre outros.

E não é meme!

A verdade é que em todo lugar tem alguém fazendo uma crítica do que você faz ou deixa de fazer com seu filho.

E, proibir ou controlar o uso de telas é uma das coisas que mais vão te criticar.

Mas, quero te incentivar a ser a "mãe chata" que não permite ou limita bastante o acesso as telas.

Isso porque a orientação da Sociedade Brasileira de Pediatria é **USO ZERO de TV, celular e tablet até os 2 anos de idade.**

Parece muito radical, mas a verdade é que essa orientação tem um porquê.

Pesquisas mostram que assistir as telas, mesmo que de forma passiva, enquanto brinca ou come, por exemplo, está associado a inúmeros impacts no crescimento e desenvolvimento, atrasos na fala e linguagem, transtornos de sono, déficit de memória e atenção, além de outros distúrbios. *(Conforme Artigo do Grupo de Trabalho de Saúde na Era Digital, Sociedade Brasileira de Pediatria, Janeiro de 2022)*

Em RELAÇÃO AO SONO, o que acontece é que a luminosidade azul presente nas telas de tablets e smartphones pode provocar um aumento na produção do cortisol e por isso está associada ao bloqueio da melatonina, que **causa uma piora da qualidade do sono, além de dificultar as sonecas e provocar inúmeros despertares na madrugada**.

Se todas essas razões não forem suficientes, quero te dizer que a má qualidade do sono compromete a imunidade e a produção de hormônios que são fundamentais para o bom desenvolvimento do organismo, como os relacionados ao crescimento.

A literatura médica não relata níveis seguros para exposição nos dois primeiros anos de vida (também chamados de 1000 primeiros dias).

Porém, costumo falar para as mamães que fazem consultoria que precisamos ter bom senso.

Acredito que dá para fazer uma videochamada para falar com o papai ou vovô, sem problemas, mas não dá para deixar o bebê assistindo um dvd completo da *Galinha Pintadinha* ou *Mundo Bita* (por mais lindinhos que sejam).

Para evitar o uso precoce desses eletrônicos, invista em mordedores, chocalhos, jogos de montar e empilhar, brinquedos sonoros, tampas e potes de cozinha, e até caixas de papelão (eles amam!).

Deixe sua criança explorar formas, cores e texturas. Vista roupas leves e baratas durante o dia e permita engatinhar e correr.

Roupa suja, a gente coloca na máquina. Pés, mãos, joelhos e bumbum sujos, a gente põe na banheira.

Brincar faz bem para o sono, para o corpo e para a mente. Lembre-se disso!

Excesso de colos

Esse aqui, sempre que menciono nos encontros do grupo da consultoria, causa espanto das mães. Mas, chamo sua atenção para o fato de que não disse excesso de colo e sim de COLOS.

Costumo sempre enfatizar que colo não vicia e é essencial para o desenvolvimento saudável. Por isso, considero que **colo nunca é demais**.

O que me refiro aqui é o "passar de colo em colo" o dia inteiro, sem dar oportunidade para o bebê fazer as sonecas na hora certa.

Para exemplificar, quero te contar sobre uma conversa que tive essa semana com a Fran, de São Paulo, uma mamãe que fez a **consultoria para gestantes** comigo.

Ela aplica a rotina do sono desde a chegada da maternidade e com quatro meses, Noah já dorme a noite inteira. Inicia o sono noturno às 20h, acorda às 23h para mamar e rapidinho volta a dormir até às 6h.

Um sonho para muitas mamães.

Mas, durante a conversa, ela me disse que não é assim nos dias que vai visitar a família dela.

"Shirlei, não sei porque nesses dias ele demora muito pra dormir, chora bastante e acorda várias vezes".

Você já deve ter entendido o que acontece nesses dias, não é? Excesso de colos.

Minha orientação para ela foi: Seja a guardiã das sonecas do seu filho.

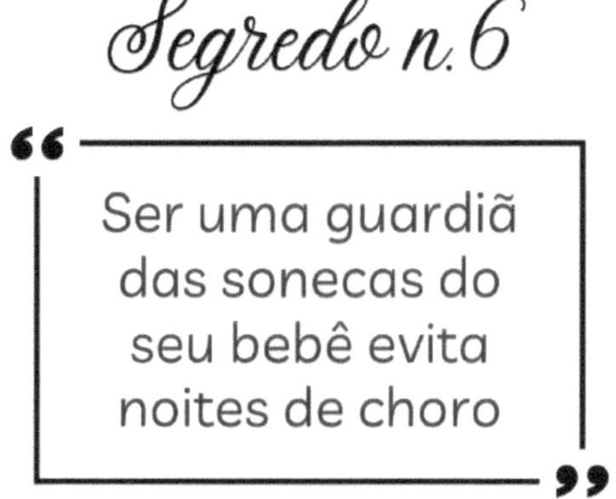

Segredo n. 6

Mas, o que isso significa?

Significa priorizar a hora da soneca do seu bebê, independentemente do local ou da ocasião.

Como fazer isso durante uma festa em família, onde todos querem segurar o bebê?

O que recomendo é:

Seja educada, peça licença e pegue o bebê, dizendo: Agora é hora dele dormir um pouquinho.

Peça para a vovó deixar você levá-lo para o quarto (sozinha). Coloque o bebê para dormir e volte para conversar.

Quando ele acordar da soneca, poderá voltar para o colo dos familiares.

Simples assim!

Lições do Capítulo 4

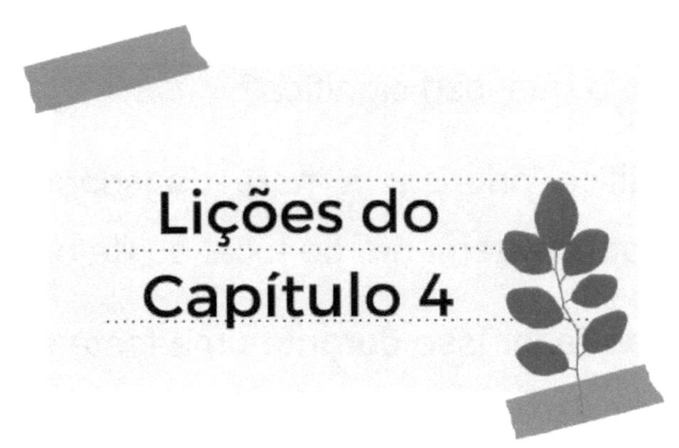

Bebê cansado, não dorme!

A privação de sono, causada pela falta de sonecas de qualidade ao longo do dia, leva ao efeito vulcânico e a produção excessiva de cortisol, que são o principal motivo da luta contra o sono e do sono fracionado, com despertares de hora em hora, na madrugada.

Boas sonecas são um dos segredos para noites de sono tranquilas e sem choro.

CAPÍTULO 5

5 inimigos do sono na madrugada

Os motivos de despertares, que veremos nesse capítulo, podem ser incluídos em uma única categoria, chamada de DORES.

Acredito que são razões muito fáceis de entender, afinal, ninguém com dor consegue dormir facilmente. E permanecer dormindo também é bem difícil nessa situação.

Então, me parece claro que em caso de dor, o melhor a fazer é buscar o alívio para que o bebê consiga ter uma qualidade de sono melhor (e a família também!).

Por isso, quero falar agora sobre os cinco tipos de dores mais comuns nos dois primeiros anos de vida e que são verdadeiros "inimigos" das boas noites de sono.

SPOILER: ao final de cada uma tem dicas práticas de como aliviar o incômodo.

Lembrando que as informações a seguir, NÃO substituem as orientações do pediatra, que deve sempre ser consultado em caso de dores.

Inimigo nº 1: As cólicas

São muito comuns nos primeiros meses de vida, principalmente nos três primeiros meses, devido a imaturidade do intestino do bebê.

Uma maneira de se identificar, se o bebê tem tido cólicas, é usando uma técnica chamada de regra do três.

Quando o bebê chora intensamente por 3 horas por dia e ao menos 3 dias por semana. Além desses parâmetros, é importante observar o bebê.

O choro por cólicas é forte, agudo, estridente e crescente. E ao chorar o bebê faz o movimento de encolher e esticar as pernas, fica vermelho e vira bastante a cabeça para os lados.

Se o bebê estiver assim, não adianta ficar balançando de um lado para o outro tentando fazê-lo dormir.

Busque primeiro aliviar o incômodo causado pela dor. Lembre-se sempre de um princípio básico do sono infantil:

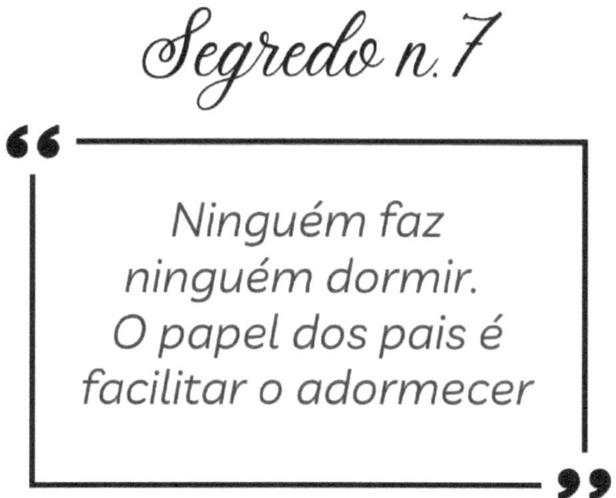

Portanto, o que você deve fazer é oferecer um conforto que alivie a dor, e ajudar o seu bebê a relaxar para adormecer.

Como aliviar as cólicas

Em casos de crise de choro, é importante reduzir todos os estímulos do ambiente.

Leve o bebê para um ambiente calmo, longe de pessoas, barulhos e sons.

Sempre digo para as mamães que fazem consultoria comigo, que tentar acalmar um bebê, balançando de um lado para o outro, na sala, com luz e TV ligadas, e um monte de gente dando palpite, é uma missão tão impossível que nem o Tom Cruise daria conta.

Por isso, se retire com o bebê para um ambiente calmo, com pouquíssima luz, sem aparelhos eletrônicos, nem brinquedos com luzes e músicas.

Se ele aceitar amamente no escuro.

É possível que ele esteja tão incomodado com a dor que não aceite o seio. Nesse caso, tente uma das opções a seguir:

- Colocar o bebê de bruços e posicionar sua mão na barriga da criança, com uma leve compressão para cima;
- Movimentar as pernas do bebê, como se estivesse pedalando no ar, para eliminar o excesso de gases e aliviar a dor;
- Compressas mornas na barriga podem aliviar a dor e relaxar o bebê;
- Banho de balde ou de chuveiro com a barriga grudada no corpo da mãe (ou do pai);

Uma dica prática é ter sempre no banheiro, um balde de uso exclusivo do bebê e um pouco de álcool.

Se a crise de choro acontecer na madrugada, faça o seguinte:

- Feche bem as janelas para evitar o frio da madrugada;

- Passe rapidamente um pouco de álcool no balde para esterilizar;
- Abra o chuveiro e encha o balde até a metade;
- Coloque o bebê sentado com os joelhos encostados na barriga;
- Segure a cabeça para que não caia para os lados;
- Deixe o bebê relaxar por 15 min, (com pouquíssima luz e sem barulhos ou usando o ruído branco).

Não se preocupe se está "tarde demais", por experiência própria, posso garantir que não tem horário ruim para o banho de balde.

Lembro que, em uma noite qualquer do ano de 2011, Samuel, meu primeiro filho, chorava horrores por volta da 1h da manhã.

Sem saber o que fazer meu marido sugeriu dar um banho de balde que sempre ajudava ele a relaxar e dormir rápido.

Achei que era tarde demais para isso, então, ele decidiu ligar para a mãe dele, que disse: Qual o problema de ser tarde? É só fechar as janelas.

Fiz isso e 20 minutos depois, tinha um bebê dormindo tranquilamente.

Eu poderia ter feito isso sem acordar a sogra de madrugada, não é?

Inimigo nº 2: Gases

Um quadro tão comum quanto as cólicas, com a diferença de acontecer em crianças de qualquer idade.

Mesmo bebês que não sofreram com cólicas e gases nos primeiros meses, podem apresentar esse tipo de incômodo mais tarde, após a introdução alimentar.

Desconfie que o choro acontece por gases quando o bebê estiver com a barriguinha dura, se contorcer e soltar pum enquanto chora.

Novamente, a melhor coisa a fazer é aliviar a dor.

Por essa razão, aconselho as mães a incluir no ritual da hora de dormir uma massagem.

Os tipos mais fáceis e eficazes são:

- Massagem circular no sentido horário ao redor do umbigo;
- Massagem Shantala;
- Ou, movimentos de pedaladas para eliminar os gases.

Aqui o banho de balde também é uma ótima opção. É por isso que na consultoria para gestantes sempre falo para incluir um na lista do enxoval.

Outra dica prática é colocar o bebê ao longo do dia, principalmente na parte da tarde, por alguns minutos de barriga para baixo, no movimento também conhecido como TUMMY TIME.

Coloque o bebê de barriga para baixo, com alguns brinquedos, como chocalhos, ao redor. Comece com 3 a 5 min de atividade e vá aumentando conforme a aceitação do seu bebê.

Além de contribuir para o desenvolvimento das habilidades motoras do bebê, essa atividade **alivia cólicas e desconfortos causados por gases e prisão de ventre.**

Confira outros benefícios:

Benefícios do Tummy Time

Imagem: https://nossacasa.org.br/tummy-time

Inimigo nº 3: Constipação

Essa é a dor causada pela prisão de ventre, ou seja, pelo acúmulo de fezes devido à pouca evacuação.

Também chamada de intestino preso, esta é uma das causas de despertar que a mamãe precisa ficar atenta, porque facilmente passa despercebida.

Lembro bem de uma experiência que tive com meu primeiro filho quando ele tinha oito meses.

Samuel começou a chorar muito. Nada que eu fazia o acalmava.

Levei ao pronto-socorro e o médico logo perguntou: Quanto tempo ele não faz cocô?

Eu não sabia responder, mas fazia muitos dias. Você não imagina o olhar que ele fez para mim.

Não sabia onde colocar minha cara.

O fato é que a constipação no primeiro ano de vida, não é tão frequente como as cólicas e os gases, mas pode acontecer.

Principalmente, quando acontece uma mudança na dieta alimentar, como a inclusão de fórmula láctea; troca da marca da fórmula ou no início da introdução alimentar.

O cuidado principal que você deve ter é atentar para as mudanças no padrão de evacuação.

Se o seu bebê costuma evacuar em determinado horário e não fez, observe o restante do dia.

Caso ao final do dia, ele ainda não tenha evacuado e se mostre irritado e com dificuldade para relaxar, procure fazer uma massagem circular em volta do umbigo, ou massagem circular em volta do ânus com uma bolinha de algodão umedecida em água morna.

Essas medidas simples podem auxiliar o intestino a funcionar.

Se o seu bebê não está mais em aleitamento materno exclusivo, é muito importante também garantir uma boa oferta de água.

Converse com seu pediatra ou nutricionista sobre a quantidade de água que seu bebê precisa consumir e aproveite para pedir orientações sobre a oferta de fibras e frutas laxativas.

Esses pequenos cuidados podem evitar muitas noites de choro em sua casa.

Inimigo nº4: Nascimento dos dentes

Essa é uma causa muito comum de despertares. A boa notícia é que raramente dura por muito tempo.

Geralmente causa choro na madrugada somente por alguns dias, durante a erupção do dente, e após a eclosão o sono noturno do bebê volta a sua normalidade.

Se você percebeu que seu bebê está babando muito, esfregando tudo na boca, se mostra mais chorão e irritado, vale a pena olhar a gengiva.

Verifique se consegue observar um local mais inchado ou avermelhado, que são sinais de que tem um dentinho a caminho. Conseguiu localizar?

Então é o momento de tomar medidas para aliviar o desconforto do seu bebê. A melhor coisa que você pode fazer, nessa fase da erupção dos dentes, é sempre oferecer um alívio para a dor ANTES do sono.

Segredo n.8

"

Aliviar a dor antes do sono minimiza despertares na madrugada

"

Algumas dicas práticas que você pode incluir no ritual do sono:

- Oferecer o peitolé*;
- Dar um mordedor gelado;
- Fazer massagem com gaze umedecida em chá de camomila ou chá de cravo gelado.

---

*Peitolé é um picolé feito de leite materno. Basta colocar o leite ordenhado em forma de gelo e oferecer um cubo congelado para o bebê chupar.

Inimigo nº5: Nariz Entupido

O nariz entupido é uma situação relativamente comum, mas que pode ser muito desconfortável para o bebê.

Por ter as narinas tão pequenas, quando o nariz está congestionado, o bebê precisa fazer mais esforço para respirar, o que atrapalha o sono, causando muitos despertares.

O maior "mico" que já paguei nessa minha trajetória materna está ligada à congestão nasal.

Aconteceu quando Samuel, meu primeiro filho, tinha 15 dias de vida. Ele acordou às 2h da madrugada, chorando muito e visivelmente com dificuldade para respirar. Eu e meu marido não tivemos dúvida, pegamos o carro e fomos para o hospital mais próximo.

Chegando lá a médica olhou para nós e perguntou se era nosso primeiro filho. Dissemos que sim. Ela sorriu, escreveu algo no papel e mandou que fossemos para a sala da enfermagem.

Chegando lá, a enfermeira leu o papel, deu uma risada e perguntou se era o primeiro filho.

Aquilo me intrigou, então quis saber o que estava escrito no papel. Ela me mostrou, e dizia apenas, fazer lavagem nasal com soro fisiológico.

Era algo tão simples que eu poderia ter feito em casa, sem necessidade de ir ao hospital no meio da madrugada. Uma coisa dessa só poderia vir de pais de "primeira viagem" mesmo.

Hoje, após três filhos, já tive que lidar com mais narizes entupidos do que gostaria, e aprendi na prática, que a melhor coisa a fazer é promover a limpeza das narinas ANTES do sono.

Você pode fazer isso, incluindo os três passos a seguir, no ritual do sono noturno:

Passo 1: Fazer uma sauna

É muito simples e rápido de fazer, e tem um resultado excelente para acalmar e relaxar o bebê antes do sono.

Nada mais é que um banho com água morna, ou quente, onde se produz vapor que, ao ser respirado pelo bebê, ajuda a fluidificar e eliminar as secreções que estão no nariz.

Para conseguir o efeito de sauna, basta fechar a porta do banheiro para acumular o máximo de vapor possível.

No final do banho é muito importante secar bem o bebê, vesti-lo e evitar que fique em locais com correntes de ar.

Passo 2: Aspirar com uma seringa de bulbo

Após a sauna caseira, fica mais fácil retirar a secreção. Para isso, a maneira mais simples é usar uma seringa de bulbo, que é uma pequena bombinha de ar, que pode ser comprada na farmácia.

Para usar, basta apertar o balão da bombinha e depois enfiar a ponta no início da narina do bebê. Em seguida, solta-se a bombinha e as secreções são aspiradas gentilmente.

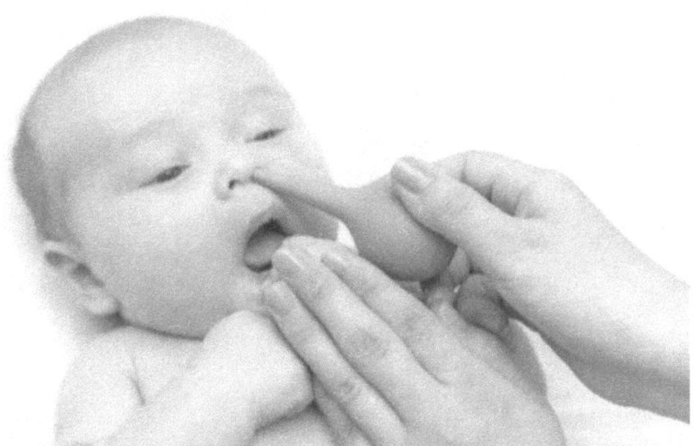

Limpeza Nasal com Seringa de Bulbo

Imagem: https://www.tuasaude.com/como-desentupir-o-nariz-do-bebe

Passo 3: Lavagem com soro fisiológico

Esse terceiro passo é importante para retirar qualquer sobra de secreção, além de promover a diminuição da inflamação nasal e das secreções.

O que na prática significa, que vai demorar mais tempo para formar mais secreção. Exatamente, o que precisamos! Assim o período de sono tranquilo fica mais prolongado, e consequentemente, temos menos despertares na madrugada.

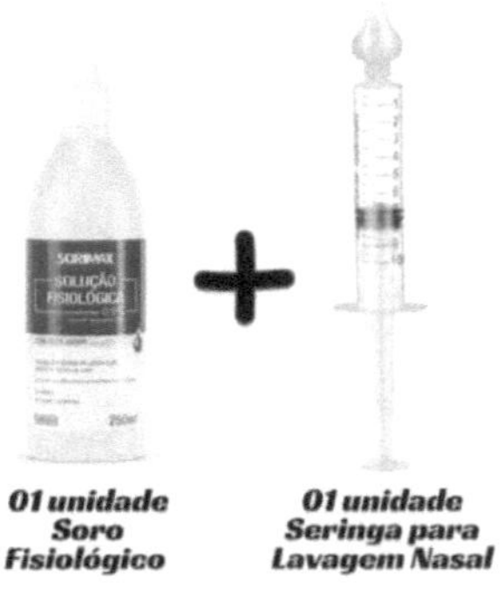

Basta aplicar de 3 a 5 ml de soro fisiológico em cada narina, com um conta gotas ou seringa própria para lavagem nasal.

98

Outra opção é usar uma solução salina receitada pelo pediatra. Se o bebê acordar de madrugada, com o nariz entupido novamente, basta repetir os passos dois e três.

Lembre-se de comunicar seu pediatra e buscar orientações caso o sintoma persista.

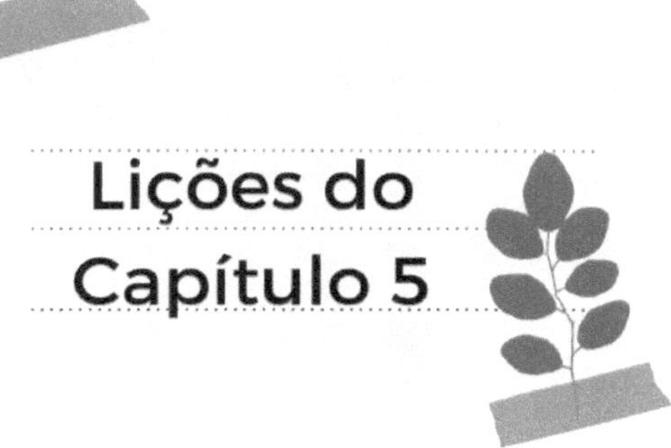

Lições do Capítulo 5

Para reduzir os despertares na madrugada e garantir uma boa qualidade de sono, nos dias em que seu bebê estiver com alguma dor, o melhor é sempre **oferecer um alívio antes do sono**, manter a calma e ajudá-lo a relaxar para adormecer.

Assim, ele adormecerá mais rápido e terá um sono reparador que ajudará na recuperação de sua saúde.

CAPÍTULO 6

5 passos para montar o ambiente ideal

Vamos falar agora sobre o local onde o bebê dorme. Ter um quartinho de capa de revista é o sonho da maioria das mães, e por isso, tudo é planejado meses antes do nascimento. A mamãe imagina a decoração, a pintura das paredes, os quadros, as luminárias, o trocador, e muitos outros detalhes.

Mas, nem sempre se pensa em tornar o quarto um ambiente favorável ao sono. É comum encontrar quartos de bebês que não estão adaptados ao sono infantil e por isso levam a despertares noturnos.

Vou te mostrar **5 passos para montar um ambiente ideal ao sono do seu bebê**. Então sugiro, que ao ler esse capítulo, visite o local onde seu filho (a) dorme e vá conferindo cada detalhe. Ao localizar algo fora das recomendações, anote e tente efetuar o ajuste necessário, assim que possível. Vamos começar?

Passo nº 1: Temperatura adequada

Esse é o primeiro ponto a ser ajustado. A temperatura do ambiente e a temperatura corporal do bebê devem estar em sintonia para que o sono aconteça tranquilamente.

O segredo é preparar o ambiente do sono ANTES de iniciar o ritual noturno, pois um ambiente agradável, facilita o relaxamento e o tempo para adormecer fica mais rápido.

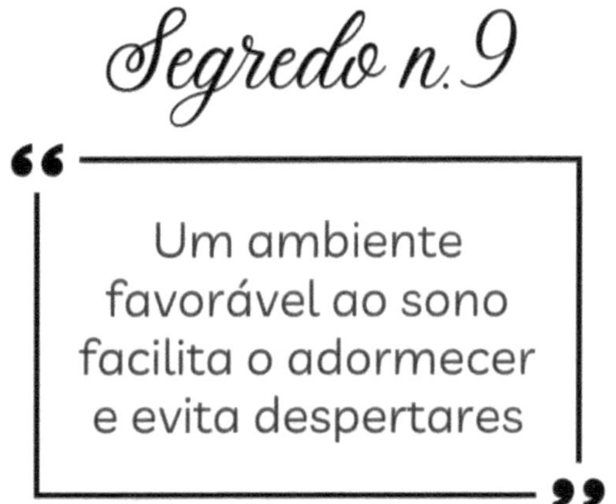

É importante, verificar a temperatura e certificar-se de o ambiente não estar quente.

Bebês e crianças dormem melhor em um quarto fresco, especialmente na primeira parte da noite (antes da meia noite).

Mas, passar frio também não ajuda o sono, principalmente na segunda metade da noite, pois a temperatura corporal irá cair no final da madrugada.

Então é necessário encontrar um equilíbrio.

Como saber se o bebê acordou com frio ou calor

Ao pegar o bebê para acalmar o choro, aproveite para fazer o teste da temperatura corporal, verificando se o bebê está com FRIO ou calor.

Para isso, verifique os sinais da tabela a seguir:

Sinais de que o bebê está com frio
• Nuca fria
• Costas frias
• Barriga fria
• Está deitado de bruços, encolhido ou com as mãos embaixo da barriga
• Despertares frequentes, a cada 10 a 20 min
Sinais de que o bebê está com calor
• Nuca quente
• Costas quentes e suadas
• Pescoço suado
• Demora para voltar a adormecer
• Se mexe muito na cama
• Despertares frequentes, a cada 10 a 20 min

Fonte: Family Wellness International Institute, 2020, Saúde Integrativa do Sono Infantil, apostila 3, página 13.

Identificando sinais da tabela, procure fazer o ajuste necessário. Em caso de calor, refrescando o ambiente e retirando peças de roupas, ou sendo frio, forrar o berço e colocar uma roupa mais quentinha.

Fique atenta se esses despertares se repetem nos dias seguintes. Assim, após alguns dias você perceberá quantos despertares a temperatura do ambiente está causando, e poderá avaliar a necessidade de se fazer alguma melhoria ou mudança no quarto.

Foi o que fizemos quando meu segundo filho nasceu. O quarto dele sempre teve ventilador de teto.

Mas, David nasceu em novembro, no final da primavera, e aqui no litoral de São Paulo, nessa época do ano é muito comum ter dias com temperaturas altas, muito próximas do clima de verão.

Mesmo ligando o ventilador, verificamos que ele acordava várias vezes com as costas suadas, e dias depois começou a ter brotoejas.

Então instalamos um ar condicionado. As brotoejas sumiram e os despertares por calor cessaram.

Dois problemas resolvidos de uma só vez.

DICAS PRÁTICAS

- Pelo menos uma hora antes do horário de dormir (cerca de meia hora antes do ritual do sono), feche as janelas, ligue o ventilador ou ar condicionado para refrescar o ambiente;

- Fique atenta ao clima ao preparar a roupa que o bebê irá dormir. Se estiver um dia quente, separe uma roupinha leve e soltinha.

- Caso o clima esteja instável, coloque uma camada a mais de roupa. Assim, caso verifique que o bebê acordou com calor, bastará retirar a camada de cima.

- Em dias frios, além de usar duas camadas de roupas, você pode forrar o berço com uma manta, prendendo as pontas embaixo do colchão.

Passo nº 2: Luz e Escuro

Esse é um ponto muitas vezes negligenciado, mas trata-se de um fator chave, já que o sono humano é regulado pela exposição à luz ou a escuridão.

Acontece assim, A LUZ estimula a retina no olho, que envia sinais para uma parte do cérebro chamada hipotálamo, que por sua vez emite sinais para outras partes do cérebro que controlam hormônios que nos fazem ficar ALERTA.

Agora, ficou um pouco complicado!

Calma, basta você entender que quando a retina identifica a ESCURIDÃO, os sinais enviados são diferentes e o nosso cérebro estimula a produção de hormônios e outras funções que nos fazem ficar SONOLENTOS.

E o que isso tem a ver com o quarto do bebê?

Na verdade, tem muito a ver, porque é importante que o bebê seja exposto ao escuro na hora de dormir e à luz na hora de acordar.

Por isso, é importante que o ambiente do sono possibilite esse ajuste.

O ideal é que o bebê durma em um **quarto totalmente escuro.**

Outra coisa muito importante, é garantir que "não vaze" raios de luz quando o sol começar a raiar, pois esse é um motivo muito comum de despertares as 5h da manhã.

Não se preocupe com a escuridão no quarto porque **bebês não tem medo de escuro.**

Lembre-se, que dentro do útero não tinha luz elétrica.

Na verdade, como a maioria dos mamíferos, o bebê humano encontra conforto, segurança e tranquilidade no escuro.

Nós adultos, por estarmos acostumados a exposição à luz artificial, é que acabamos acostumando também as nossas crianças as luzes.

"Mas Shirlei, se ficar tudo escuro, como vou enxergar meu bebê a noite quando ele chorar? "

Realmente fica difícil!

Então para facilitar, você pode ter no quarto um abajur com uma LÂMPADA INCANDESCENTE de cor quente, preferencialmente VERMELHA ou LARANJA.

DICAS PRÁTICAS

- Pelo menos meia hora antes da hora de dormir, feche totalmente as janelas para que o ritual do sono seja feito em ambiente escuro.

- Para ter um quarto bem escuro, você pode usar CORTINAS BLACKOUT ou cobrir os vidros com cartolina ou EVA na cor preta, ou ainda, utilizar um cobertor escuro sobre as cortinas existentes.

- **Evite expor sua criança as luzes de LED a noite**. Esse tipo de lâmpada estimula a produção de cortisol e confunde o relógio biológico, atrapalhando a produção dos hormônios, e consequentemente, o sono.

Passo nº 3: Abafar ruídos externos

Essa é uma tarefa que nem sempre é fácil. Que mãe nunca saiu do quarto do bebê na pontinha dos pés para não fazer barulho?

Mas, nem sempre é possível evitar que barulhos aconteçam, não é?

Sempre aparece um cachorro latindo, crianças brincando no playground do prédio, vizinho furando parede, carro de som, buzinas de carro e por aí vai.

Como o bebê passa mais da metade do tempo dormindo em sono leve, fica difícil dormir por muito tempo com tantos ruídos externos. Esse é um motivo muito comum de sonecas curtas.

O que fazer, então?

Seria muito bom, se fosse fácil colocar isolamento acústico no quarto, mas na grande maioria das vezes isso é inviável.

Então a opção mais prática é usar o RUÍDO BRANCO.

Esta é uma ferramenta maravilhosa!

Existem vários tipos de sons considerados como *White Noise (chiado ou ruído branco).*

Desde sons da natureza, chuveiro, secador, até sons que imitam o útero (alguns tem até batida do coração).

Por ser um som conhecido, o bebê se sente seguro, e consegue relaxar mais facilmente, mesmo se estiver cansado ou chorando. É um verdadeiro calmante natural.

Além do seu poder relaxante, o ruído branco também abafa os barulhos da casa, da rua, ou de qualquer som externo ao quarto.

E ainda tem mais!

Quando o bebê tem dificuldade em "emendar" os ciclos de sono e desperta com facilidade, o ruído branco faz com que o bebê ouça o mesmo som confortante que ouviu ao adormecer, induzindo ao sono, e ajudando a fazer a transição entre os ciclos naturalmente.

Alguns especialistas em sono infantil recomendam que sejam usados pelo menos até 1 ano de idade, mas quero ressaltar que não há nenhum problema em ser usado por mais tempo, principalmente se você, como eu, mora em uma rua movimentada.

Minha casa fica em uma avenida comercial, onde tem uma choperia em frente e um bar na esquina com música alta até as 4h da manhã.

Uso o ruído branco diariamente no quarto das crianças, e meus filhos já tem 11, 8 e 5 anos.

DICAS PRÁTICAS

- Bebês pequenos costumam aceitar bem o som de útero, chuveiro e secador. Os maiores, preferem sons de água ou natureza, como chuva, cachoeira, água de bambu, pássaros e sons da floresta. O melhor é TESTAR e ver qual funciona com o seu bebê;

- Existe uma variedade de ruídos brancos disponíveis através do Spotify, GooglePlay ou Youtube, mas eu sempre indico os aparelhos portáteis mais simples;

- Os portáteis são fáceis de comprar pela internet, podem ser levados para qualquer lugar na bolsa ou no carrinho, facilitando o sono fora de casa, e tem um ótimo custo benefício;

- Independente do modelo, o ideal é que o aparelho seja colocado perto da janela ou porta que traz o barulho para dentro do quarto, para que o som possa circular no ambiente inteiro, e manter uma distância de mais de 1 metro da cabeça do bebê.

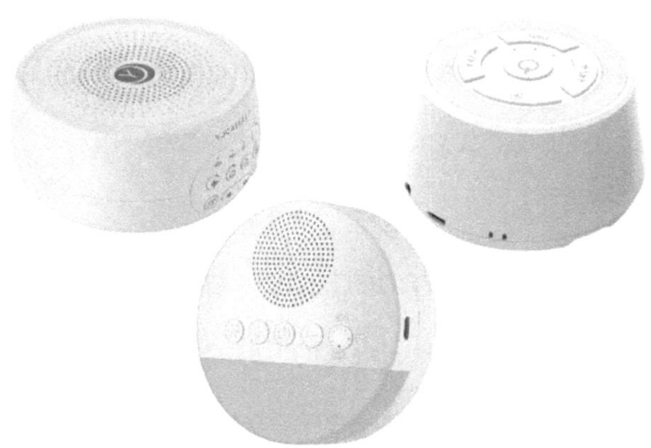

Modelos portáteis com vários sons e entrada USB, imagens da internet.

Passo nº 4: Armadilhas na decoração

Essa é a hora de ligar o modo "mamãe-detetive" para procurar pequenos objetos que podem atrapalhar o sono do bebê e passam despercebidos, porque ficam escondidos na decoração do quarto, como móbiles com sons, luzes e pilhas ou quadros com luzes de led.

Estou falando de objetos eletroeletrônicos que criam campos magnéticos ou emitem radiações que podem atrasar e encurtar o estágio mais profundo do sono, mantendo o bebê mais alerta durante a noite.

E podem também, reduzir ou inibir a produção de hormônios, como a serotonina e a melatonina, essenciais para uma boa noite de sono. Motivos suficientes para ficarem bem longe do bebê na hora de dormir.

Pronta para iniciar a caçada a esses objetos?

Então confira a lista a seguir:

CHECKLIST DOS CAMPOS MAGNÉTICOS

☐ Rádio

☐ Televisão

☐ Celular

☐ Ar condicionado

☐ Aquecedor

☐ Despertador

☐ Telefone sem fio

☐ Babá Eletrônica

☐ Aparelho de Ruído Branco

☐ Aparelho de Wi-fi

☐ Luzes fluorescentes

☐ Quadros com luzes de LED

☐ Móbile com luzes e sons

☐ Brinquedos com controle remoto

DICAS PRÁTICAS

- Mantenha o quarto do bebê o mais *clean* possível, retirando todos os aparelhos que não precisam ficar no quarto do bebê.

- Brinquedos eletrônicos, com pilhas e controles remotos, podem ser guardados em uma caixa distante dois metros do berço ou cama.

- Aparelho de ruído branco e babá eletrônica devem ficar fora do berço.

- Os controles remotos devem ser colocados, preferencialmente, sobre um móvel ou prateleira distante da cabeça do bebê.

- Se utilizar o aparelho de celular para tocar os sons do ruído branco, configure o aparelho para o MODO AVIÃO e coloque sobre um móvel com a tela voltada para baixo, para que o bebê não enxergue a luz azul emitida.

Passo nº 5: Eliminar alergênicos

Alergias são um grande complicador do sono e grandes causadoras de despertares na madrugada. Por isso, esse passo é muito importante não só para o sono, mas também para a saúde do bebê.

Infelizmente, quando se fala de alergias, nem sempre é possível um diagnóstico precoce.

Eu e meu filho Samuel temos alergia respiratória. Mesmo com meu histórico, ele só foi definitivamente diagnosticado com alergia a pó doméstico aos 3 anos.

Mas, independentemente, se há um histórico familiar de alergias ou não, os cuidados que vamos tratar agora são universais, pois os bebês de um modo geral, são mais sensíveis ao ambiente.

Então as informações a seguir, servem para todos.

O primeiro ponto para avaliar, são os CHEIROS.

Observe se há alguns odores mais fortes que possam incomodar o bebê, como perfume, cheiro no lençol ou roupa.

Tenha cuidado com o uso de amaciantes, pois alguns tem em sua composição, componentes que podem irritar a pele causando coceiras, e fragrâncias que respiradas a noite inteira, podem irritar o nariz, causando espirros e coriza.

O segundo ponto são os TECIDOS.

Tecidos sintéticos e alguns tecidos mistos podem causar alergias, coceiras e levar a dermatites por não permitir a pele respirar, aumentar a transpiração e não absorver bem o suor. Prefira o uso de algodão.

O terceiro ponto é o acúmulo de POEIRA.

Manter a higiene do quarto do bebê é importantíssimo e toda mãe sabe disso.

Mas, existem alguns cantinhos que podem acumular pó e ácaros, capazes de desencadear doenças respiratórias como rinite, asma e bronquite, nos bebês mais sensíveis e com predisposição às alergias.

Atenção para bichinhos de pelúcia, prateleiras, nichos e almofadas, principalmente as que compõe o kit berço.

Sabendo que, por questões de segurança, nem é recomendado ter essas almofadas dentro do berço.

Sempre sugiro para as minhas alunas, retirar o kit berço e se livrar dele, por mais lindinho que seja. Eu tive uma experiência com meu primeiro filho e o kit berço, que poderia ter sido trágica.

Mas, voltando a história para exemplificar.

Ainda grávida, eu rodei horas até conseguir encontrar o conjunto de almofadas no tema que eu queria para o quarto. Ele era lindo no tema Bichinhos da Floresta.

Mas, um dia, quando Samuel estava com 5 meses, percebi que já era hora dele acordar da soneca e não tinha acordado ainda. Resolvi ir até o quarto dar uma olhadinha.

Quando cheguei lá, me deparei com uma cena que não sai da minha cabeça há 11 anos. Acho que nunca vou esquecer.

Ele estava coberto pela almofada lateral do kit, com o braço enrolado nas fitas que prendiam a almofada nas grades.

Eu só consegui ver as perninhas batendo, porque, sufocado pela almofada ele não conseguia chorar. Nem quero imaginar o que teria acontecido se não tivesse entrado naquele exato minuto no quarto.

Rapidamente desfiz aquele emaranhado, retirei meu filho, que começou a chorar e chorei junto com ele por alguns minutos.

Depois, quando nós dois já estávamos calmos, retirei o kit inteiro e joguei no lixo. Com meus outros dois filhos eu usei a tela de proteção respirável, que é lavável e seca bem rápido. Muito melhor!

Tela de Proteção Respirável. Imagem: https://babyenxoval.com.br

DICAS PRÁTICAS

Prefira usar **sabão neutro** para lavar as roupas e lençóis de uso do bebê. Existem marcas ótimas no mercado de **sabão de coco líquido** que são neutros e tem um aroma bem suave.

Dê preferência a **lençóis de algodão**, assim como pijamas leves, soltinhos em 100% algodão.

Tenha o cuidado de **cortar as etiquetas** das roupas, pois podem pinicar a pele do bebê, causando desconforto e atrapalhando o sono na madrugada.

Existem boas opções de **capas de colchão** com proteção contra os ácaros. Vale a pena adquirir uma.

Se o quarto do bebê tem cortina, prateleiras e nichos, pelo menos uma vez por semana é recomendado **passar aspirador de pó** para evitar o acúmulo de poeira e consequentemente de ácaros.

Substituir as almofadas do kit berço por uma **tela de proteção respirável** é uma ótima opção.

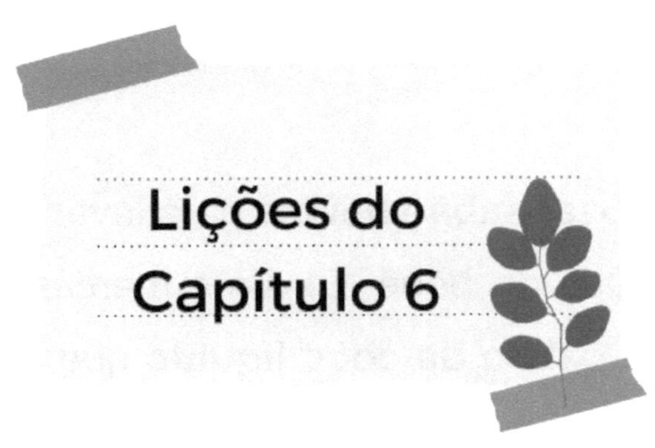

Um ambiente favorável ao sono pode facilitar para o bebê dormir mais rápido e evita despertares na madrugada.

Você pode montar um ambiente ideal para o sono em 5 passos:

1. Ajustar a temperatura do ambiente, deixando fresco e arejado;
2. Incluir itens que permitam o ajuste da luz e escuridão, como a cortina blackout e lâmpadas incandescentes;
3. Minimizar ruídos externos ao quarto com o uso de ruído branco;
4. Retirar eletrônicos do quarto;
5. Eliminar itens que possam causar alergias.

CAPÍTULO 7

Quero a minha mãe

Neste capítulo quero conversar com você sobre a angústia de separação e como essa emoção afeta o sono e causa despertares na madrugada.

Ao final, darei também, dicas práticas para amenizar esse quadro e minimizar seu impacto nas noites da sua família. Vamos lá?

A angústia de separação

É um quadro normal do desenvolvimento, pelo qual todas as crianças passam, geralmente entre os seis e dezoito meses. Eu costumo explicar que é um "medo do abandono", que o bebê sente quando começa a entender:

- O que é a distância;
- Que ele e a mãe não são um único ser;
- Que a mãe pode se afastar dele e deixá-lo.

A grande questão nessa descoberta, é que ele não compreende a diferença de estar distante 1 metro e estar distante 100km.

Então, qualquer distanciamento para ele, já é motivo de medo de ser deixado para trás. Por essa razão, é muito comum bebês chorarem quando a mãe se afasta apenas 2 passos.

É uma fase na qual o bebê que antes "ia com todo mundo", começa a não querer mais sair do colo da mãe e a "estranhar" pessoas que até então estava habituado, como tios, tias, avós, amigos e vizinhos.

Isso acontece pelo simples motivo de que o bebê não quer se separar da mãe. E é exatamente por essa razão que essa angústia atrapalha o sono.

Pense que o ato de dormir é uma GRANDE SEPARAÇÃO, afinal para o bebê, ele vai ficar horas longe da mãe, enquanto dorme.

É também por isso que, quando acorda na madrugada e vê que a mãe "sumiu", ele chora desesperadamente. E se o pai for até ele, parece não resolver, e continua chorando até que a mãe apareça.

Baby Sauro – Família Dinossauros – Imagem: Disney Plus

Se o bebê falasse, provavelmente diria isso:

"Não é a mamãe! Quero a minha mãe".

Afinal, essa é a necessidade dele naquele despertar. A necessidade de proximidade com a mãe, que lhe dá conforto, alimento e segurança.

"Tudo bem Shirlei, entendo porque o bebê quer a presença da mãe quando desperta, mas porque parece que o número de despertares aumenta? "

Vou explicar.

Isso acontece por causa de um efeito que eu chamo de "wi-fi mamãe-bebê".

Até por uma questão de sobrevivência, o bebê usa seu sistema sensorial para buscar a mãe. Ele reconhece a mãe pelo cheiro, a voz, o toque.

Então durante um breve despertar, quando faz o "checklist" e não localiza a mãe por perto, ele desperta.

Por esta razão, muitas mães intuitivamente, levam o berço do bebê para o quarto do casal, passam a dormir no quarto do bebê ou adotam a cama compartilhada.

Todas essas alternativas funcionam bem nessa fase, e se é bom para os pais também, tudo ótimo! Não existe jeito certo ou errado.

A melhor maneira é aquela que funciona bem para a família.

Mas, se você (como eu) prefere preservar a intimidade do casal, e que o bebê fique no quarto dele, a maneira de minimizar esses despertares é SUPRINDO o bebê de sua presença ao longo do dia.

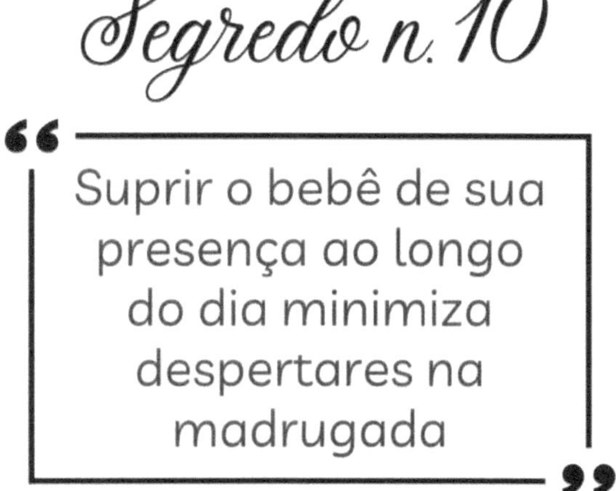

É o que chamo de ENCHER O POTINHO DE AMOR, que na prática significa oferecer todos os três tipos de conexão durante o dia, e investir na alta conexão antes da hora de dormir.

De modo que, seu bebê esteja tão repleto de sua presença e se sentindo tão seguro, que durante a madrugada ele consiga "emendar" um ciclo de sono ao outro, por estar com essa necessidade emocional totalmente suprida.

Enchendo o potinho de amor

Agora, vamos falar sobre como suprir essa necessidade emocional, ao longo do dia:

1. CONEXÃO DE PRESENÇA

Imagem: Canva Pro

Acontece quando você permite que o bebê brinque próximo de você, enquanto faz outra tarefa.

Eu comprei um tapete de atividades, que levava para todos os cômodos da casa. Colocava no chão da cozinha enquanto lavava louças, no quarto enquanto arrumava a cama e até na área de serviço enquanto colocava roupas na máquina.

Se você não tiver um tapete desses, coloque uma mantinha no chão e espalhe alguns brinquedos.

De tempos em tempos, fale com o bebê para que ouça sua voz e saiba que você ainda está por perto.

Caso chore, sinalizando que cansou daquela atividade, mude a brincadeira.

Quando isso acontecia, o que costumava fazer era tirar do tapete e botar em uma caixa de papelão grande, onde eu colocava a almofada de amamentação dentro, e encaixava o bebê sentado com brinquedos espalhados sobre as pernas.

Outra opção, era colocar um tapete de eva ou edredom com panelas pequenas, tampas de panela e potes plásticos espalhados.

DICAS PRÁTICAS

Qualquer coisa, desde que seja segura, pode virar um brinquedo. Caixinha de papelão, embalagem de creme dental, garrafa pet, até uma revista velha para rasgar e amassar, faz sucesso.

Use a criatividade para entreter sua criança, enquanto faz suas atividades. O importante é garantir a proximidade.

Você deve estar no campo de visão do bebê, porque ele vai te procurar. Você verá ele virando a cabeça, te buscando.

Nessa hora, apenas diga: A mamãe está aqui, manda um beijinho e sorria, sinalizando que está tudo bem e que ele pode continuar brincando tranquilo.

2. CONEXÃO DE BRINCAR

Brincar no colo para fazer o bebê sorrir. Imagem: Canva Pro

Brincar com o bebê para fortalecer o vínculo. Imagem: Canva Pro

Esse tipo de conexão é chamado por algumas pessoas de "tempo de qualidade". É um momento do dia que você reserva para fazer algo divertido com seu filho (a). O objetivo aqui é fazer a criança sorrir por alguns minutos. O sorriso libera endorfinas que relaxam, acalmam e dão uma sensação de bem-estar.

Incluir essas brincadeiras, cerca de 1 hora antes do ritual do sono, facilita a hora de dormir e evita despertares na madrugada, já que o relaxamento é um fator primordial para o ato de adormecer e para a qualidade do sono.

DICAS PRÁTICAS

1) Quando mamãe e papai trabalham fora de casa o dia inteiro, e fica difícil oferecer a conexão de presença ao longo do dia, eu oriento investir na conexão de brincar assim que cheguem em casa.

Reservar 20 min para brincar um pouco com sua criança vai fazer muita diferença no emocional e, consequentemente, facilitar o adormecer.

2) Na fase de angústia de separação, uma ótima opção é fazer brincadeiras de esconde-esconde, como a tradicional, Cadê o bebê? Achou!

Você pode fazer usando as mãos ou um paninho para cobrir o rosto. Qualquer que seja a maneira escolhida, é importante que ao descobrir seu rosto você esteja com um grande sorriso.

Isso fará seu bebê sorrir também, tornando o momento de sua volta alegre. Assim, ele assimila que mesmo que a mamãe "suma" de sua visão, ela volta rapidamente e isso é um momento bom e feliz.

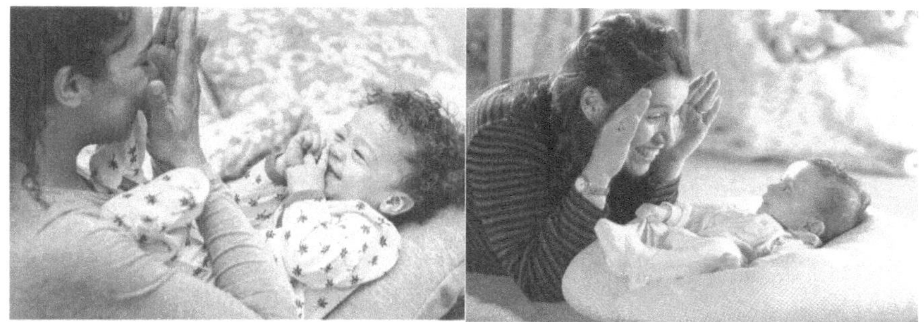

Cadê o bebê? Achou! Cobrindo o rosto com as mãos. Imagens da internet.

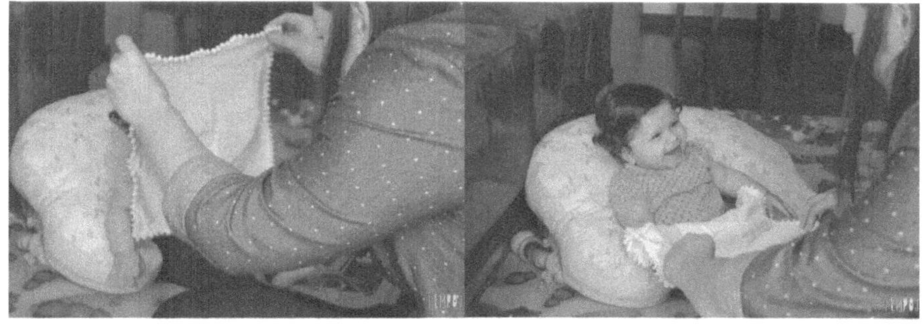

Cadê o bebê? Achou! Cobrindo o rosto com pano. Imagens: Tempojunto.

3. ALTA CONEXÃO

Passeio no sling. Imagem: Canva | Banho de banheira. Imagem: Canva Pro

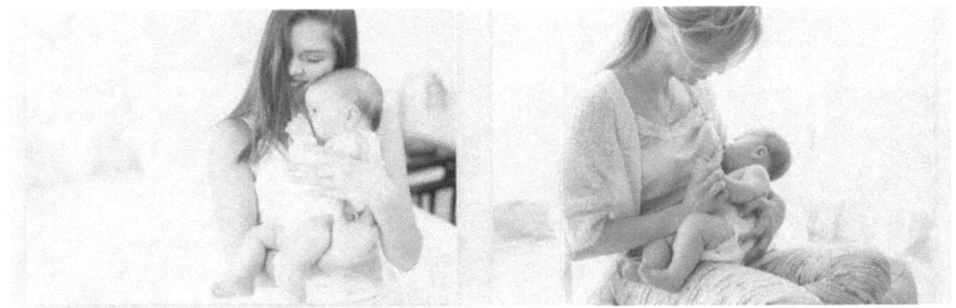

Música suave no colo. Imagem: Canva | Amamentar. Imagem: Canva Pro

Esse é o tipo de conexão de maior proximidade. É o contato pele-a-pele, que proporciona ao bebê o contato físico, que permite sentir o toque, o cheiro, as batidas do coração e ouvir a respiração. Envolve vários sentidos do bebê. Por isso, é o mais eficaz, e não pode faltar antes do sono do bebê, principalmente nessa fase da angústia de separação.

DICAS PRÁTICAS

Inclua atividades com contato físico no final do dia e no ritual do sono. Boas opções são:

1) Um pequeno passeio no sling no final da tarde. Pode ser no quarteirão enquanto vai buscar o pão na padaria, na garagem de casa enquanto olha o movimento da rua, na varanda do apartamento, no playground do prédio. Entre outras maneiras, o importante é respirar um ar fresco, coladinho na mamãe;

2) Um banho de banheira, com sorrisos e uma massagem suave nos pés, mãos e costas. Ou, um banho de chuveiro. *Banho de chuveiro com o papai costuma fazer sucesso. Eles amam*!

3) Cantar uma música suave, enquanto dá um colinho, com leve balanço (sentada) ou pequenas batidas no bumbum;

4) Amamentar. (*Já falamos que não há nada de errado em amamentar para dormir, lembra?*)

Lições do Capítulo 7

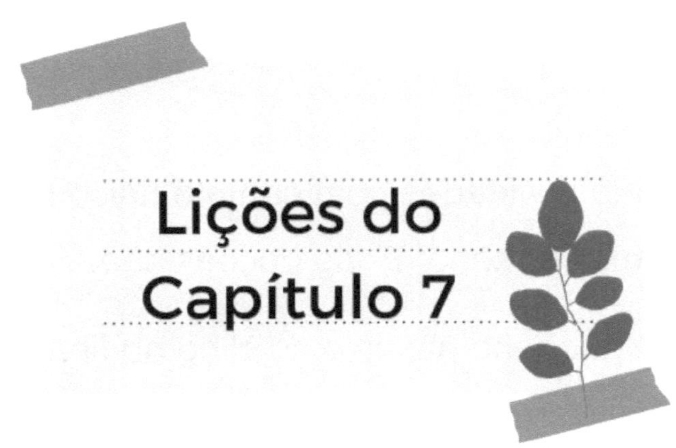

A angústia de separação é uma questão emocional que faz parte do desenvolvimento normal do bebê. Todas as crianças passam por ela.

Mas, apesar de ser algo da natureza humana, ela impacta no sono, sendo uma causa de despertares na madrugada.

Para minimizar esse impacto no sono noturno, a melhor maneira é suprir a necessidade de presença da mãe (e pai também) durante o dia.

Oferecer os 3 tipos de conexão, supre essa necessidade e, a médio prazo, evita despertares.

CAPÍTULO 8

Cadê meu bebê que dormia bem?

Vamos falar agora sobre fases que, literalmente, tiram o sono das mamães: picos de crescimento e saltos de desenvolvimento.

Um tipo de mensagem que recebo muitas vezes é: *"Meu bebê dormia tão bem e DE REPENTE, não sei o que aconteceu, mas já tem X dias que acorda várias vezes na madrugada"*.

De repente...

Essa é a expressão que me chama a atenção. E recomendo que você também fique alerta, quando as madrugadas na sua casa mudarem de uma hora para outra, sem que haja nenhuma grande mudança na rotina.

Mas, afinal por que esses períodos afetam tanto o sono do bebê?

Vamos entender agora, o que acontece com nossos pequenos nessas fases.

Perdendo as roupinhas

Primeiro vamos falar sobre os PICOS DE CRESCIMENTO, uma fase também chamada de estirão.

Sabe quando você percebe que, "de uma hora para outra", os macacões ficaram curtos?

Aquela roupinha linda que só usou uma única vez, já não cabe mais, e as pessoas olham para o bebê e dizem: Nossa, como cresceu!

Isso é um pico de crescimento.

Mas, por que atrapalha o sono do bebê?

Bem, se você parar para pensar vai perceber que é fácil compreender, que para crescer tão rápido o bebê precisa de uma grande quantidade de calorias, o que faz aumentar muito, mas muito mesmo, a fome.

Na maioria das vezes a mãe não percebe o aumento da necessidade e a alimentação durante o dia continua a mesma.

Resultado: Mais fome na madrugada e, consequentemente, mais despertares.

E como reverter essa situação?

Aumentando a quantidade de alimento.

Uma maneira boa é usar o Método da churrascada (*já falamos dele no capítulo 2 deste livro*).

Na dúvida se o aumento de despertares para mamar, pode ser causado por um pico de crescimento, consulte ao final do livro, no capítulo de anexos, a tabela de referência, com os meses esperados para que os picos aconteçam.

Mas, lembre-se que os dados da tabela representam uma média esperada, não uma regra geral, por isso é possível e totalmente normal que seu bebê tenha picos antes ou depois do previsto na tabela, ou não apresente nenhuma alteração.

Descobrindo novas habilidades

Agora vamos entender os SALTOS DE DESENVOLVIMENTO. Essa é a denominação dada para as aquisições de **habilidades** funcionais específicas que ocorrem um determinado período. Sabe-se que o ritmo de desenvolvimento não é constante: há períodos mais acelerados e mais lentos. Ainda assim, especialistas em neuropediatria não confirmam que os saltos de desenvolvimento de fato aconteçam.

Na prática o que acontece é que toda vez que o bebê desenvolve uma nova habilidade, ele fica tão excitado e obcecado com a conquista que **quer praticá-la o tempo todo**, inclusive durante o sono.

Por isso, um dos "efeitos colaterais" desse trabalho que o cérebro dele está fazendo é que ele **não dorme bem**. Para passar com mais tranquilidade por essas fases, é importante que a família entenda o que realmente está acontecendo com seu bebê.

146

Então, vem comigo que vou te explicar como lidar com essa fase de aprendizado sem stress.

Vamos lá?

Quando David, meu segundo filho nasceu, eu procurei estudar bastante sobre os saltos, mas em minhas buscas não consegui descobrir nada que me ajudasse a passar por esses dias, sem muito choro e noites em claro, já que não há comprovação científica da existência dos saltos e por essa razão também não há normativas ou "protocolos de tratamento".

Então, quando *"começava um salto"* eu já me preparava psicologicamente para aguentar aquele chororô e as noites acordada, torcendo e pedindo a Deus que acabasse o mais rápido possível.

Até que iniciei meus estudos em saúde integrativa do sono infantil. Com uma visão mais ampla das necessidades do bebê, cheguei à conclusão que seria mais fácil lidar com essa fase se a compreendermos como uma espécie de *"ansiedade de aprendizado"*, e a dividirmos em 2 etapas, onde cada etapa teria um "remédio" diferente.

Isso, fez toda a diferença!

A partir deste dia, sabendo o que o meu bebê realmente precisava em cada fase, eu conseguia suprir essa necessidade, o que minimizava os despertares e incrivelmente fazia com que essa fase passasse bem mais rápido.

Quando Paulo, meu caçula, nasceu eu apliquei esse novo conhecimento desde o *"primeiro salto"* e te falo que foi o puerpério mais tranquilo que uma mãe possa sonhar.

Digo, com toda sinceridade, que isso deixou minha maternidade bem mais leve e desejo que seja assim para você também.

Então, preste atenção na imagem a seguir:

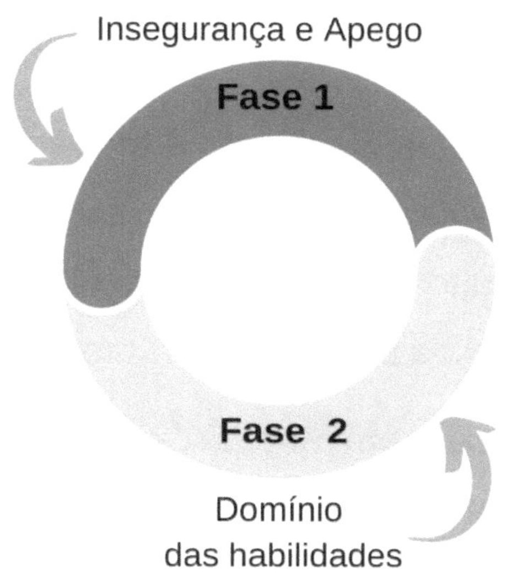

A primeira fase (FASE 1), costumo chamar de CIA, porque é marcada por:

Choro – Irritabilidade – Apego

São dias em que o bebê percebe que algo está mudando em seu corpinho, mas não entende o que é e como lidar com a mudança, então se sente inseguro e busca apoio e segurança na sua figura de apego.

Por essa razão ele fica muito "grudado" na mãe, seu porto seguro.

DICAS PRÁTICAS

Nesses dias o segredo é ter paciência, manter a calma e buscar passar segurança para o bebê. Invista em muitos momentos de ALTA CONEXÃO, com colo, abraços e carinho durante o dia.

Eram dias em que eu usava muito o sling, banhos de chuveiro e colocava um colchão de solteiro no quarto do bebê para fazer adormecer deitada ao lado dele.

Assim, com minha presença e tranquilidade, eu transmitia a segurança que ele precisava para relaxar, adormecer e ter um sono tranquilo.

A segunda fase (FASE 2), começa quando o bebê já entendeu que adquiriu uma nova habilidade e deseja treinar até ter o domínio total.

Eu chamo de fase da MOVIMENTAÇÃO, porque normalmente está ligada aos movimentos, como rolar, sentar, ficar de pé, andar ou ficar "conversando".

Você perceberá que o chorinho manhoso da fase 1 passa e o bebê fica muito alegre. Nessa fase ele fica tão animado com a novidade que não quer parar de praticar nem para dormir.

É muito comum, que acordem na madrugada para ficar de pé no berço, dando gritinhos, ou simplesmente rolando.

Durante a consultoria, costumo receber mensagens de mães dizendo: ***"Shi, ele acorda e não quer voltar a dormir. Parece que quer brincar"***. E é, exatamente o que ele quer. Porque, é por meio do brincar que consegue exercitar a nova habilidade adquirida.

Por essa razão, nessa fase, o segredo é oferecer durante o dia oportunidades para que ele treine. Você faz isso oferecendo atividades e brincadeiras onde ele use a nova habilidade.

Na minha consultoria eu costumo dar de bônus um e-book de uma fisioterapeuta infantil com as atividades para estimular as novas habilidades.

E os resultados são impressionantes!

Segredo n. 11

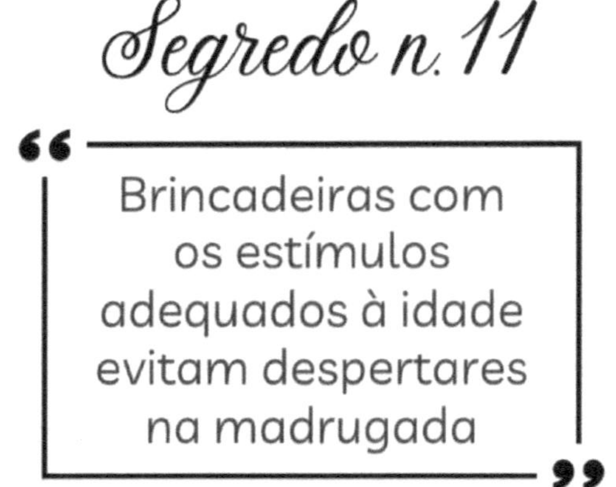

É comum essas mamães me enviarem mensagens falando como os despertares param "milagrosamente", quando é incluído na rotina o momento brincar com os estímulos adequados.

Lembre-se que, na dúvida se o seu bebê já tem prontidão para as atividades, o melhor sempre é conversar com seu pediatra.

DICAS PRÁTICAS

Quando o bebê acordar SEM CHORAR e ficar no berço, sentado ou de pé, somente balbuciando ou dando gritinhos NÃO vá imediatamente pegá-lo do berço.

Dê espaço para que ele descubra como deitar, ou que fique conversando sozinho e praticando sua habilidade até que durma.

Não force seu bebê a ficar deitado e nem peça para se calar para dormir. Vai chegar um momento em que, naturalmente, o sono vai fazê-lo deitar e parar de falar para dormir.

Costumo orientar as mães que garantam que **o berço esteja seguro** e que tenha um "amiguinho do sono", pois é muito normal o bebê após seu treino noturno, abraçar o brinquedo (ou naninha) e voltar a dormir sozinho.

Caso o bebê adormeça sentado (o que as vezes acontece), você pode entrar no quarto e ajeitá-lo para que durma mais confortável.

Confie em seu bebê.

Ele é capaz de adormecer sozinho, mas se encontrar dificuldade e achar que precisa de você, ele vai chorar pedindo ajuda.

Aí sim, você deve pegá-lo e ajuda-lo a relaxar e voltar a adormecer.

Lições do Capítulo 8

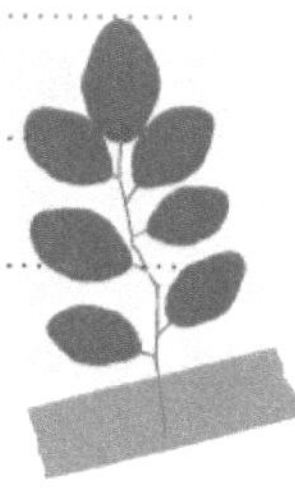

Picos de crescimento causam despertares na madrugada por fome, para minimizar esse efeito o ideal é reforçar a alimentação durante o dia.

"Saltos de desenvolvimento" são fases de aprendizado de novas habilidades que podemos dividir em duas fases.

Na sua fase 1, causam despertares por insegurança. Para minimizar você mamãe deve oferecer mais momentos de alta conexão.

Já na fase 2, o bebê desperta querendo treinar as novas habilidades. O segredo para passar mais tranquilamente por esse período é oferecer, durante o dia, brincadeiras com estímulos adequados.

CAPÍTULO 9

Trocar o dia pela noite

Você já ouviu alguém falar que "o filho de fulana está trocando o dia pela noite? "

Normalmente, usam essa expressão quando o bebê passa grande parte da noite acordado e dorme a maior parte do dia.

Esse comentário, costuma ser acompanhado do conselho de **não deixar o bebê dormir a tarde** para dormir à noite.

Mas, tenho que te dizer que seguir esse conselho **é um grande erro**, por dois motivos.

MOTIVO 1: Sabemos que boas sonecas estão diretamente relacionadas com a qualidade do sono noturno. Já falamos, no capítulo 4, que bebê cansado não dorme. Por isso, impedir o sono não é uma opção.

MOTIVO 2: Bebê não troca o dia pela noite, porque nem sabe o que é dia ou o que é noite. Ele não entende que existe uma diferença, afinal, na barriga da mamãe não tinha sol nem lua. Não é mesmo?

Ok Shirlei, eu entendi, mas o que eu faço quando meu bebê tem despertares longos e demora muito a voltar a dormir?

Seguindo esse entendimento, a resposta é bem simples. ENSINAR ao bebê QUE EXISTE UMA DIFERENÇA entre o dia e a noite, ou melhor, mostrar ao bebê que a noite é para dormir e o dia para interagir.

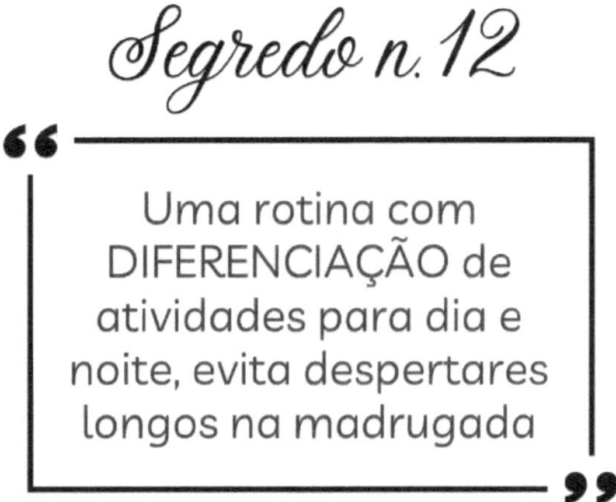

Ensinar a diferença entre dia e noite

Vou te mostrar 3 pontos para trabalhar a diferenciação. Mas antes, quero ressaltar que BEBÊS APRENDEM POR REPETIÇÃO.

Quis frisar isto porque não vai adiantar adotar essas 3 medidas somente um ou dois dias. Tem que ser algo constante, incorporar na rotina diária.

Lembro da minha aluna Susy e sua princesinha Mariana, que com 15 dias de vida só dormia durante o dia, deixando a mamãe noite após noite sem dormir.

A Susy entrou na consultoria, querendo que a filha dormisse a noite, mas com dúvidas se seria possível já que sua bebê ainda era recém-nascida.

Em nosso primeiro encontro, ensinei como organizar uma rotina com essas três formas de diferenciação.

Com 5 dias, ela me enviou uma mensagem dizendo que não estava vendo nenhuma mudança. Incentivei a continuar que logo veria resultado.

Em nosso segundo encontro, que aconteceu 15 dias após o primeiro, ela me disse não acreditar que algo tão simples mudaria tanto as noites em sua casa.

Mariana estava acordando, apenas duas vezes para mamar e voltava a dormir em 5 min.

Dois meses depois, já com 3 meses de vida, Mariana dormia das 19h às 24h, mamava e voltava a dormir em 5 minutos, seguindo sem nenhum despertar até as 6h30 da manhã. Ou seja, com apenas 3 meses dormia a noite inteira, acordando apenas 1 vez para mamar por alguns minutos.

Agora vou te mostrar, os três pontos de diferenciação que ajudaram a Susy a conseguir isso.

1. CLARIDADE

A principal diferença que há entre dia e noite é a presença e ausência da luz do sol.

Então devemos mostrar isso para o bebê, das seguintes maneiras:

- Pela MANHÃ, abra a cortina, deixe a luz do sol entrar;
- Se possível, dê uma volta no quarteirão com o bebê ou fique por 15 min na varanda ou garagem para que veja o movimento do dia;
- No FINAL DO DIA, escureça a casa, no mínimo uma hora antes do horário do sono noturno;
- Mantenha a iluminação reduzida até a manhã seguinte.

2. ROUPAS

Outra diferença é o tipo de roupas que usamos. Ninguém sai de casa de camisola, nem dorme de vestido e salto alto.

O mesmo deve acontecer com o bebê.

Sei que pode parecer bobagem. Talvez, essa seja a razão pela qual esse ponto é desconsiderado, em boa parte das famílias que atendo.

Mas saiba que faz sim, diferença na percepção do bebê. Lembre-se que, seu bebê percebe o mundo por meio do sensorial, por isso a diferença de textura dos tecidos é facilmente percebida por ele.

Então pela MANHÃ, faça a troca do pijama. Aproveite a primeira troca de fraldas e já coloque a roupa que usará durante o dia.

No FINAL DO DIA, uma boa opção é dar um banho relaxante e na sequência colocar o pijama ou um macacão bem leve e soltinho.

3. INTERAÇÃO

Nesse ponto o objetivo é ensinar ao bebê que a noite é feita para dormir e o dia para fazer outras atividades, como comer, brincar, sorrir e conversar.

Você ensina isso, mudando a forma que interage com ele em cada período do dia.

Então pela manhã, enquanto abre a janela e troca a roupinha, CONVERSE com seu bebê.

Diga BOM DIA com uma voz alegre, leve até uma janela para ver o movimento, ligue o som. Amamente ou dê o café da manhã e coloque para brincar.

O bebê tem que perceber que o silencio e calmaria da noite acabou, porque o dia começou.

No final da tarde, você fará o inverso. Escurece a casa, nada de brincadeiras agitadas e nem som alto, para marcar o início da noite.

DIFERENCIAÇÃO DIA E NOITE

Durante o dia roupas com tecidos mais pesados, uso de acessórios, conversas e brincadeiras para interagir.
Imagens: Canva Pro

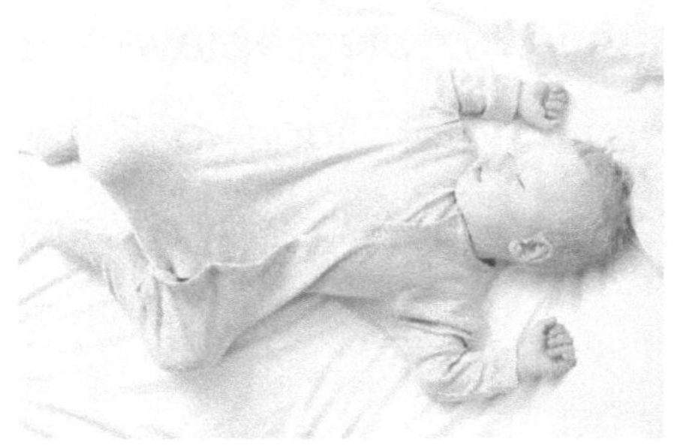

Durante a noite, roupas com tecidos bem leves, sem acessórios. Ambiente escuro e silencioso. Sem interação.
Imagens: Canva Pro

Como proceder durante um despertar

Agora quero falar com você sobre o ponto mais importante desse processo, para acabar com a tal "troca do dia pela noite".

O modo como você interage com seu bebê quando ele acordar no meio da madrugada é crucial no aprendizado dele.

Por isso, não importa se ele acordou as 21h, as 22h, 1h, 3h ou 5h da manhã, você vai agir em todos os despertares como se fosse madrugada.

Ou seja, nada de acender as luzes, de conversar, de brincar, de sorrir, nem de levar para a sala. Ligar a TV, nem pensar!

Se acordou por fome, alimente em silencio e em ambiente escuro. Depois ajude-o a voltar a dormir.

Se estiver somente querendo brincar, dê um pouco de colo, acalme-o e diga que ainda é hora de dormir. Se precisar, leve-o a um colchão ou cama, onde possa se deitar ao lado e fingir que está dormindo.

Nos primeiros minutos seu bebê tentará chamar sua atenção, mas fique firme. Tem grandes chances de ele virar para o lado, imitar você, e assim acabar dormindo de verdade.

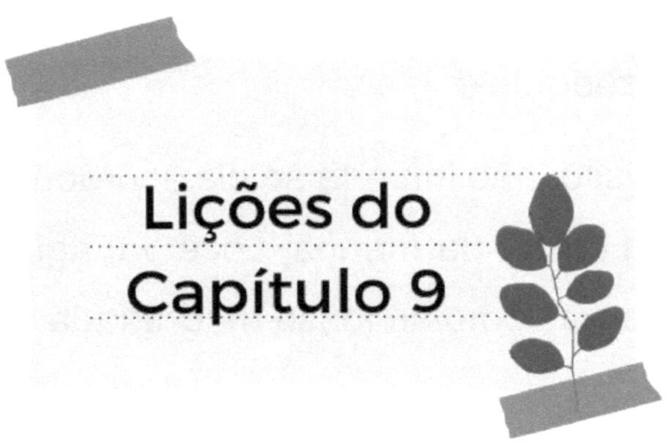

O bebê nasce sem saber diferenciar o dia e a noite, por essa razão os pais devem ajudar o bebê a entender que a noite devemos dormir e durante o dia fazer outras atividades, como comer, brincar, sorrir e conversar.

Trabalhar a diferenciação dia e noite na rotina do bebê evita os despertares longos na madrugada.

CAPÍTULO 10

4 mitos que atrapalham o sono

Já falamos das principais causas de despertares na madrugada, e desvendamos os 12 segredos para o bebê dormir à noite inteira.

Nessa parte final, quero lhe mostrar como usar a planilha de mapeamento dos despertares (*disponível nos anexos ao final do livro*) para identificar os motivos pelos quais seu bebê acorda e assim facilitar a aplicação de tudo que aprendeu até aqui.

Mas, antes, preciso desconstruir quatro mitos que são verdadeiros enganos, porque só atrapalham a rotina do sono dos pequenos e você pode estar cometendo sem saber.

Então, leia, entenda e NÃO FAÇAS MAIS!

MITO 1
Tem que fazer soneca no claro para não trocar o dia pela noite

Vou te fazer um pedido, encarecidamente, NÃO siga esse mito em hipótese alguma. Quem te dá esse tipo de orientação, costuma justificar que a soneca deve ser feita em ambiente claro para diferenciar o dia da noite, e evitar a "troca do dia pela noite".

Porém, isso não procede.

No capítulo anterior falei sobre esse assunto e expliquei maneiras de se fazer a diferenciação.

Não mencionei, em momento nenhum, fazer soneca no claro, por um motivo. **O hormônio que nos faz adormecer (melatonina) só age no escuro.**

Por essa razão, sonecas feitas em ambientes iluminados não são tão longas e satisfatórias como as feitas no escuro.

Já aprendemos no segredo nº 5, que boas sonecas evitam despertares na madrugada.

Portanto, se deseja que seu bebê tenha boas noites de sono, prepare o ambiente (como vimos no capítulo 6) e escureça o quarto na hora das sonecas.

MITO 2
Não pode dormir a tarde para dormir à noite

Esse mito atrapalha tanto as noites de sono quanto o anterior, e você NÃO deve seguir porque, como vimos no capítulo 4, bebê cansado não dorme.

Não deixar o bebê fazer a soneca da tarde, só vai deixa-lo exausto e levar ao efeito vulcânico que é uma das causas principais do sono fracionado, e dos inúmeros despertares na madrugada.

A soneca da tarde é muito importante para a qualidade do sono noturno.

A soneca da tarde é tão importante para a qualidade do sono noturno que na minha consultoria é o ponto em que mais trabalho com a família.

NUNCA, JAMAIS tiramos uma soneca do bebê. O bebê sinaliza quando não precisa mais.

Não respeitar a necessidade natural da criança, e tentar evitar que faça a soneca que precisa, só atrapalha a rotina e o sono noturno.

MITO 3

Não pode acordar o bebê

Esse mito até tem um grande "fundo de verdade". Tenho que concordar que o ideal é não acordar, porque é preciso se respeitar os horários naturais e as necessidades particulares do bebê.

PORÉM...

E coloco em destaque o porém, porque em ALGUMAS SITUAÇÕES é preciso acordar o bebê.

Na saúde integrativa do sono infantil, que é a abordagem que eu acredito, pratico e escolhi para trabalhar, o respeito as necessidades naturais é uma prioridade sempre.

Mas, na fase inicial da higiene do sono, durante o período que estamos trabalhando o ajuste do ciclo circadiano, com a terapia de luz e ajuste do relógio biológico, é MUITO IMPORTANTE se manter a regularidade do horário de acordar e fazer a exposição a luz natural.

Então, com o devido cuidado de se praticar a intervenção mínima, durante alguns dias será necessário **facilitar a hora de acordar**, abrindo a janela no horário de fazer a exposição a luz natural, e se somente isso não funcionar, acordar o bebê.

Como estava conversando, ainda essa semana, com um casal maravilhoso de Brasília, a mamãe não precisa "ficar com pena" ou preocupada em "traumatizar o bebê".

A mãe pode retirar do berço, ficar com ele no colo por 15 min durante a exposição a luz natural e depois voltar para o quarto, para que faça a primeira soneca do dia já na sequência.

Essa mamãe tem uma princesa de 10 meses que acordava 8 vezes na madrugada. Ao iniciarmos a consultoria, juntos, papai-mamãe-eu, determinamos um horário para iniciar o dia da Alice.

Mas, nos primeiros dias ela não seguiu 100% porque algumas vezes ficou com pena e achava que a menina poderia ficar traumatizada.

Falei para ela que nunca ouvi falar de alguém que teve que fazer terapia, porque sua mãe o pegava no colo e levava para ver o sol por 15 min todos os dias. Ver o sol não traumatiza ninguém!

É mais fácil encontrar adultos que fazem terapia, porque na infância ficavam trancados em lugares fechados, sem luz natural ou espaço para correr e brincar.

O que era, totalmente ao contrário, da rotina que montamos para a Alice, que tinha tempo para brincar, correr, ficar no colo e dormir em um ambiente preparado para o sono de qualidade dela.

A mamãe entendeu e começou a aplicar direitinho.

Em nosso segundo encontro, com exatos 15 dias de consultoria, sua princesa já tinha reduzido de oito para três despertares.

Um grande avanço, se pensarmos que ainda tínhamos mais 30 dias de acompanhamento.

MITO 4

Recém-nascido não brinca

Acho interessante esse mito, porque quando atendo mães de bebês de 0 a 4 meses, a grande maioria (para não dizer todas), acredita que isso é uma verdade universal.

Lembro da Karlinha, uma aluna do Método ABCD do Sono, minha consultoria em grupo, que me disse assim:

"Minha mãe me viu colocando a Manu para brincar e estranhou muito. Ela tem 5 filhas e 8 netos e nunca ouviu falar que recém-nascido brinca. Perguntei se as filhas dela e os outros netos dormiam a noite inteira com dois meses de vida. Ela disse: não! Então eu disse: A minha brinca e dorme a noite toda."

Nunca esqueci essa história. Acho esse diálogo incrível, porque mostra bem a diferença nas práticas e resultados, de uma geração para a outra.

Se você também acreditava que um bebezinho pequeno não brinca, tenho que te dizer que isso é um grande engano.

TODA CRIANÇA PRECISA BRINCAR

Podemos encontrar muitos artigos e pesquisas sobre psicomotricidade que reforçam a importância do brincar em todas as faixas etárias. É claro, que nos primeiros meses de vida o bebê não tem muitas habilidades, e por isso, o momento brincar será apenas alguns minutos no Tummy Time (falei como fazer no capítulo 5).

Com o crescimento, o bebê vai ficando mais tempo acordado, adquire novas habilidades, possibilitando aumentar o tempo e diversificar as brincadeiras. Incluir o momento de brincadeiras na rotina, desde os primeiros dias de vida, proporciona o gasto calórico e os estímulos necessários para que o corpo chegue ao final do dia com predisposição para dormir. Como sempre digo para as mamães na consultoria, nós temos necessidade de dormir à noite porque trabalhamos o dia inteiro.

O trabalho do bebê é brincar.

Ficar deitado no berço ou carrinho, olhando para um teto branco, o dia inteiro, é tedioso, estressante, e deixa o bebê muito irritado.

É óbvio, que nessa situação, o bebê irá chorar pedindo colo. A mãe pega no colo para cessar o choro, mas, reclama que não consegue fazer nada durante o dia porque o bebê quer colo o tempo todo.

O bebê que fica o dia inteiro no colo, não tem o gasto calórico necessário para sentir sono, assim faz poucas sonecas e tem um sono noturno ruim.

Nem o bebê, nem a mãe dormem bem, e iniciam outro dia já exaustos e irritados. Uma coisa puxa a outra!

Por essa razão, uma boa rotina do sono tem que incluir um tempo para brincadeiras.

Lições do Capítulo 10

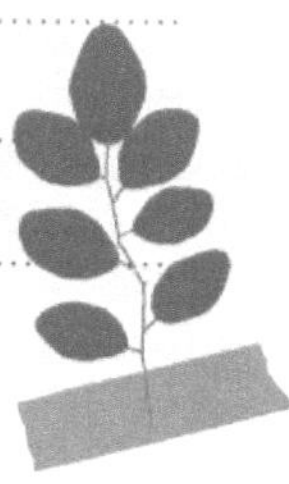

Sonecas podem e devem ser feitas em local escuro. Sonecas em ambiente claro, não são tão longas e satisfatórias, como as feitas em ambiente com o mínimo de iluminação possível.

O bebê pode, e deve fazer sonecas a tarde, enquanto precisar. A família não deve impedir e atrapalhar o ciclo natural do sono.

O ideal é que o bebê não seja acordado, mas em situações pontuais, como no início da higiene do sono, pode ser necessário.

Toda criança precisa brincar. Uma boa rotina do sono inclui momentos de brincadeiras, com estímulos adequados, de acordo com a idade.

CAPÍTULO II

Mão na massa

Chegamos ao último capítulo, e como dizia a minha mãe, é hora de "arregaçar as mangas e colocar a mão na massa".

Para isso você vai precisar:

- Fazer uma cópia (xerox) da *Planilha de Mapeamento dos Despertares* que está disponível nos anexos. Se estiver lendo a versão digital, basta imprimir uma cópia.

- Preencher alguns dias em sequência, sem pular. De 3 a 5 dias são suficientes.

Agora algumas dicas para facilitar o preenchimento da planilha:

- Procure preencher em "dias normais". Evite finais de semana, feriados e datas festivas que costumam mudar muito a rotina familiar.

- Escolha a maneira de preenchimento que for mais fácil para você. A seguir vou sugerir duas, escolha a melhor ou crie a sua. O importante é conseguir coletar as informações sem muito trabalho.

MODO 1: PREENCHER NA HORA

Deixe a planilha em local de fácil acesso, com uma caneta ao lado, próximo de um abajur ou ponto de luz, para facilitar o preenchimento na madrugada.

MODO 2: PREENCHER DEPOIS

Outra opção é deixar o celular a mão. Na hora que o bebê acordar, tirar um print da tela com o horário. E quando o bebê voltar a dormir, gravar um áudio rápido, dizendo somente o horário e uma observação.

Por exemplo:

São 2h15, mamou bastante e dormiu rápido. Ou, chorou muito e demorou a dormir, só bati no bumbum e dormiu sem mamar, queria brincar, etc.

Durante o dia, veja as imagens com os prints dos horários e escreva na planilha. Depois ouça os áudios e termine o preenchimento. Você não vai precisar de mais que 5 minutos para isso.

Tudo pronto? Então, chegou a hora da AÇÃO!

Ação 1: Coleta de Informações

Um hábito que você pode adotar, desde já, é a cada despertar do seu bebê fazer o TESTE DOS 3F.

Que nada mais é do que checar 3 coisas:

- Fralda
- Frio
- Fome

Comece verificando se a FRALDA vazou ou está muito cheia.

Para evitar a troca de fralda na madrugada, sugiro usar uma fralda um número maior do que a usada durante o dia, e, com um nível maior de absorção.

Sempre falo para as mães que fazem consultoria comigo, para comprarem uma fralda boa, mas um pouco mais barata para o dia, pois serão feitas várias trocas.

E comprar apenas um pacote da melhor e mais cara fralda do mercado, em tamanho um pouco maior.

Se seu bebê usa M, esse pacote comprará no tamanho G. Você só usará 1 fralda dessas por noite, porque ela deve conseguir segurar a noite toda.

O segundo item a ser checado é o FRIO (ou calor). Para isso, use as planilhas com os *Sinais de que o bebê está com frio e com calor*, que você encontra no capítulo 6.

O terceiro item a ser checado é a FOME.

Ofereça o seio ou mamadeira e verifique se o bebê está mamando efetivamente.

Se ele mamar bem e logo em seguida dormir, em até 15 min, considere esse despertar como causado pela fome também.

Após, alimentar o bebê (se ele aceitar), ajude-o a relaxar e voltar a dormir.

Quando o bebê voltar a dormir, anote o horário do despertar e suas observações na planilha ou faça o registro por áudio no celular.

Não esqueça de fazer a OBERVAÇÃO, se estava com fralda molhada, frio ou calor, fome, alguma dor, ou querendo brincar.

Essas informações serão muito úteis quando você for fazer a interpretação dos dados da planilha de mapeamento dos despertares.

Ação 2: Interpretando o mapeamento

Após preencher a planilha você terá algo parecido com a imagem abaixo:

MAPEAMENTO DOS DESPERTARES NOTURNOS						
sonocomapego.com.br						
	DIA 1		DIA 2		DIA 3	
ATIVIDADE	HORA	OBS	HORA	OBS	HORA	OBS
DORMIU (APÓS AS 18H)	20:00					
DESPERTAR 1 - acordou	23:10					
despertar 1 - voltou a dormir	23:50	mamou muito				
DESPERTAR 2 - acordou	01:10					
despertar 2 - voltou a dormir	02:15	com calor				
DESPERTAR 3 - acordou	04:05					
despertar 3 - voltou a dormir	04:20	mamou muito				
DESPERTAR 4 - acordou	05:15					
despertar 4 - voltou a dormir	06:30	queria brincar				
DESPERTAR 5 - acordou						
despertar 5 - voltou a dormir						
DESPERTAR 6 - acordou						
despertar 6 - voltou a dormir						
ACORDOU (APÓS AS 6H)						
AMAMENTAÇÃO (anote os horários das mamadas efetivas)						
DESPERTARES NOTURNOS (anote os horários por outros motivos)						

Leia as observações e separe os horários de despertares por fome dos demais, utilizando a parte debaixo da planilha.

Vai ficar algo parecido com a imagem a seguir:

MAPEAMENTO DOS DESPERTARES NOTURNOS						
sonocomapego.com.br						
		DIA 1		DIA 2		DIA 3
ATIVIDADE	HORA	OBS	HORA	OBS	HORA	OBS
DORMIU (APÓS AS 18H)	20.00					
DESPERTAR 1 - acordou	23.10					
despertar 1 - voltou a dormir	23.50	*mamou muito*				
DESPERTAR 2 - acordou	01.10					
despertar 2 - voltou a dormir	02.15	*com calor*				
DESPERTAR 3 - acordou	04.05					
despertar 3 - voltou a dormir	04.20	*mamou muito*				
DESPERTAR 4 - acordou	05.15					
despertar 4 - voltou a dormir	06.30	*queria brincar*				
DESPERTAR 5 - acordou						
despertar 5 - voltou a dormir						
DESPERTAR 6 - acordou						
despertar 6 - voltou a dormir						
ACORDOU (APÓS AS 6H)						
AMAMENTAÇÃO (anote os horários das mamadas efetivas)	23.10 04.05					
DESPERTARES NOTURNOS (anote os horários por outros motivos)	01.10 05.15					

Com a planilha completa dá para analisar e adotar alguns ajustes.

Nesse exemplo são dois despertares por fome.

Agora verificamos, se está de acordo com o esperado para a idade, conforme abaixo:

Idade do Bebê	Mamadas na madrugada
0 a 1 mês	4 a 5 mamadas
1 a 3 meses	3 a 4 mamadas
3 a 6 meses	2 a 3 mamadas
6 a 12 meses	1 a 2 mamadas
12 a 18 meses	0 a 1 mamada

Nesse exemplo, se o bebê tiver menos de um ano, as mamadas por fome estão ok e a mãe teria apenas que trabalhar os motivos dos outros dois despertares na parte inferior da planilha.

Caso o bebê tivesse mais de 1 ano, poderia reforçar a alimentação, conforme vimos no capítulo 2.

Continuando a análise da planilha, vemos que houve um despertar a 01:10 onde o bebê acordou por calor. No caso, se nos demais dias também ocorrerem despertares por calor, a família pode buscar uma maneira de melhorar a temperatura do ambiente.

Essa é a razão de eu recomendar o preenchimento por 3 a 5 dias. Assim, fica mais fácil identificar os motivos que se repetem.

Finalizando a análise, o último despertar aconteceu às 05:15 e o bebê demorou a voltar a dormir e queria ficar brincando.

Nessa situação a mãe pode adotar as medidas de DIFERENCIAÇÃO ensinadas no capítulo 9 onde falamos sobre o bebê "trocar o dia pela noite".

Capítulo 11
Lições Finais

Neste capítulo final, mostrei como fazer o preenchimento da planilha e como interpretá-la.

Esse é o modo que utilizo essa planilha na consultoria do sono, e que já ajudou mais de duas centenas de famílias a alcançar as tão sonhadas noites inteiras de sono tranquilo, sem choro e sem despertares na madrugada.

Agora é sua vez de aplicar.

Preencha a planilha, interprete as anotações e faça os ajustes necessários, conforme tudo o que aprendeu nesse livro. Se preciso, releia os capítulos que se enquadram aos motivos que você identificou.

Tenho certeza, que em um curto intervalo de tempo, você também poderá aproveitar as boas noites de sono e de descanso, que tanto merece.

Não esqueça, de me mandar uma mensagem depois, contando como foi sua experiência. Você encontra meus contatos ao final do livro.

Desejo muita saúde e felicidade para você, seu bebê e toda sua família. Que Deus te abençoe.

Um grande abraço,

Shirlei

ANEXOS

Anexos

Nesta parte final, estou disponibilizando conforme prometido ao longo do livro, algumas tabelas de referência para te ajudarem no momento de identificar algumas causas de despertares.

Lembre-se que cada bebê é único e alcança novas habilidades e a prontidão para determinadas tarefas em tempos diferentes, dentro de uma janela esperada.

Por isso, o modo correto de usar essas tabelas é primeiro OBSERVAR seu bebê, identificar os sinais que ele te dá e a partir daí olhar a tabela, e não o contrário! Na dúvida, de que seu bebê já deveria ter alcançado algum marco de desenvolvimento, converse sempre com seu pediatra. Combinado?

Então aproveite esse material e tenha as noites tranquilas de sono e descanso que você e seu bebê merecem.

MAPEAMENTO DOS DESPERTARES NOTURNOS

sonocomapego.com.br

ATIVIDADE	DIA 1		DIA 2		DIA 3	
	HORA	OBS	HORA	OBS	HORA	OBS
DORMIU (APÓS AS 18H)						
DESPERTAR 1 - acordou						
despertar 1 - voltou a dormir						
DESPERTAR 2 - acordou						
despertar 2 - voltou a dormir						
DESPERTAR 3 - acordou						
despertar 3 - voltou a dormir						
DESPERTAR 4 - acordou						
despertar 4 - voltou a dormir						
DESPERTAR 5 - acordou						
despertar 5 - voltou a dormir						
DESPERTAR 6 - acordou						
despertar 6 - voltou a dormir						
ACORDOU (APÓS AS 6H)						

AMAMENTAÇÃO (anote os horários das mamadas efetivas)			
DESPERTARES NOTURNOS (anote os horários por outros motivos)			

Tabela de Motivos de Despertares

MOTIVO	SINAIS	RELER
FOME	• Mama bastante • Dorme em até 15 min • Intervalos maiores que 2h30 entre despertares	• Capítulo 2 | Segredo 2 • Método da Churrascada • Págs. 31 a 33 • Usar Tabela de Mamadas – Disponível no capítulo 11
HIPERESTIMULAÇÃO • Exaustão • Privação de sono • Uso de Telas	• Intervalos menores que 1 hora • Choro intenso • Acorda como se estivesse tendo pesadelo	• Capítulo 4 • Segredos nº 1, 5 e 6
"TROCA DO DIA PELA NOITE"	• Despertar longo na madrugada • Demora mais de 1 hora para voltar a adormecer • Acorda +/- as 5 horas da manhã e não quer voltar a dormir	• Diferenciação | Segredo nº 12 • Págs. 161 a 165

Tabela de Motivos de Despertares

MOTIVO	SINAIS	RELER
ANGUSTIA DE SEPARAÇÃO	• Choro desesperado • Não aceita o pai ou outro cuidador • Para de chorar ao ver a mãe	• Capítulo 7 • Segredo nº 10 • Págs. 131 a 139
PICOS DE CRESCIMENTO	• Aumento repentino no número de despertares • Mama bastante em intervalos de +/- 2h • Dorme em até 15min após mamada	
NOVAS HABILIDADES		• Capítulo 8 • Segredo nº 11
FASE 1	• Choro – Irritabilidade – Apego • Fica grudado na mãe	• Página 149 e 150
FASE 2	• Acorda de madrugada querendo brincar • Se movimenta muito no berço • Sorri e dá gritinhos	• Utilizar Tabela de Aquisição de Habilidades • Págs. 151 a 154

Tabela de Motivos de Despertares

MOTIVO	SINAIS	RELER
DORES		• **Capítulo 5 | Segredo nº 8**
Cólicas	• Choro agudo, estridente e crescente • Encolhe e estica as pernas	• Págs. 82 a 84
Gases	• Choro intenso • Barriga dura • Se contorce e solta pum	• Págs. 86 a 88
Constipação	• Mudança no padrão de evacuação • Barriga dura	• Págs. 90 e 91
Dentes	• Baba muito • Coça a gengiva com as mãos ou objetos • Gengivas inchadas ou vermelhas	• Págs. 92 e 93
Nariz entupido	• Esforço para respirar • Espirros • Respira de boca aberta	• Limpeza nasal antes do sono e na madrugada • Págs. 96 a 99

Tabela de Motivos de Despertares

MOTIVO	SINAIS	RELER
AMBIENTE		**Capítulo 6 | Segredo nº 9**
Temperatura	• Acorda com calor ou frio • Verificar sinais na Tabela do Capítulo 6	• Página 106
Luz	• Despertares em intervalos curtos após as 4h • Acorda +/- as 5 h e não quer voltar a dormir	• Págs. 109 e 110
Barulho	• Acorda assustado com choro intenso após barulho externo	• Ruído branco • Págs. 113 e 114
Campos magnéticos	• Demora para dormir na madrugada • Despertares sem motivo aparente após a meia noite	• Checklist da pág.116 • Página 117
Alergênicos	• Espirros • Nariz entupido • Dermatite	• Página 123

PICOS DE CRESCIMENTO

7-10 DIAS DE NASCIDO	
2-3 SEMANAS DE VIDA 4-6 SEMANAS DE VIDA	1 MÊS
12-13 SEMANAS 16-17 SEMANAS 24 SEMANAS	3 MESES 4 MESES 6 MESES
36 SEMANAS	9 MESES DE VIDA
46 SEMANAS 55 SEMANAS 64 SEMANAS 75 SEMANAS	11 MESES 13 MESES 15 MESES 17 MESES

Também chamados de "Crises Transitórias da Amamentação", correspondem a períodos passageiros, de 2 a 3 dias, em que o bebê precisa se alimentar com mais frequência ou por mais tempo, e costuma ficar **mais agitado, dormindo menos e exigindo mais colo**. Embora os "Picos de Crescimento" possam acontecer a qualquer momento, são mais comuns entre 2 e 3 semanas, 6 semanas e 3 meses de idade. Uma razão sugerida para essa mudança de comportamento é que **para acompanhar seu aumento repentino de crescimento, o bebê precisa aumentar a sua ingesta de leite**. Sociedade Brasileira de Pediatria,2022.

Fonte: sbp.com.br/especiais/pediatria-para-familias/nutricao/pico-de-crescimento/

AQUISIÇÃO DE HABILIDADES

1 mês 4 a 5 semanas	2 meses 8 semanas	3 meses 12 semanas	4.5 meses 19 semanas	6 meses 26 semanas
Visão melhor Segue objetos com os olhos	Controle de pernas e braços Emite sons	Unir as mãos para segurar objetos	Rolar e gostar de espelhos	Sentar com ou sem apoio
Atividades de estímulo	**Atividades de estímulo**	**Atividades de estímulo**	**Atividades de estímulo**	**Atividades de estímulo**
Tummy Time com cartões em preto e branco	Tummy Time pulseiras e meias sonoras	Chocalhos de Argolas Coloridas	Tapete de Atividades e Estimulo ao pivoteio	Blocos Grandes de empilhar e Livros de Banho

7.5 meses 37 semanas	10.5 meses 46 semanas	1 ano 55 semanas	1 ano e 2 m 64 semanas	1 ano e 5m 75 semanas
Engatinhar e Bater palmas	Em pé com ou sem apoio	De pé sem apoio Andar	Andar Correr Amassar	Correr Escalar Rabiscar
Atividades de estímulo	**Atividades de estímulo**	**Atividades de estímulo**	**Atividades de estímulo**	**Atividades de estímulo**
Bolas Carrinhos Brinquedos de empurrar	Mesa didática Brinquedos em cima de cadeira ou sofá	Potes com tampas Brinquedos Musicais Torre de argolas	Sacos sensoriais Bacia com água Caixa com objetos com texturas	Garrafas e Caixas sensoriais Pisar na grama ou areia

A autora

Quer saber por que eu posso te ajudar a melhorar o sono do seu bebê?

Porque eu já passei pelas mesmas dificuldades quando meu primeiro filho nasceu.

Essa foi a razão pela qual resolvi estudar sobre o sono infantil e consegui não só melhorar a rotina do sono dele como garantir noites de sono tranquilas para toda minha família. Desde então não parei mais de estudar e hoje já ajudei mais de 250 famílias a conseguirem o mesmo.

Sou consultora materno infantil com especialização em saúde integrativa do sono infantil e bem-estar familiar nos Estados Unidos pelo *Family Wellness International Institute.*

E como profissional integrativa em saúde credenciada OPISB 623, na minha consultoria avalio a criança como um todo: sono, alimentação, necessidades sensoriais e emocionais. Assim seu bebê terá todas as condições para dormir bem e ter um crescimento saudável.

Contato com a autora

Direct no Instagram:

shirleiribeiro.sono

E-mail: **sonocomapego@gmail.com**

Conheça meus serviços no site:

sonocomapego.com.br